GW01159396

Jochen Nagel

Fabelhaft

Fabeln, Märchen und Geschichten

Impressum

Bibliografische Information der Deutschen Nationalbibliothek:
Die Deutsche Nationalbibliothek verzeichnet diese Publikation in der Deutschen Nationalbibliografie; detaillierte bibliografische Daten sind im Internet über http://dnb.dnb.de abrufbar.

Lektorat: Tatjana Kreß
Korrektorat: Tatjana Kreß
weitere Mitwirkende: Heidi Giebels

Verlag: BoD • Books on Demand GmbH, In de Tarpen 42, 22848 Norderstedt
Druck: Libri Plureos GmbH, Friedensallee 273, 22763 Hamburg

ISBN: 978-3-7597-8836-8

Für Wolfgang

„Liegt dir gestern klar und offen,
wirkst du heute kräftig frei;
kannst auch auf ein Morgen hoffen,
das nicht minder glücklich sei."

Johann Wolfgang von Goethe

Inhaltsverzeichnis

Nationalpark Teide (Teneriffa) - Jochen Nagel

Vorwort

„Ein Freund, ein guter Freund, das ist das Beste, was es gibt auf der Welt." Diese Zeile aus dem Lied der Comedian Harmonists erinnert an die Frage, was wäre das Leben ohne Freunde?

Freunde inspirieren uns, unterstützen uns, teilen Erfahrungen, stehen uns zur Seite. Immer. Manche Freundschaften halten ein Leben lang.

Woran erkennt man wahre Freundschaft? Soziologen sagen, Freundschaft ist eine freiwillige Beziehung zwischen zwei gleichgesinnten Menschen, die auf tiefem Vertrauen, gegenseitiger Sympathie und persönlicher Wertschätzung basiert.

Damit eine Freundschaft funktioniert und dauerhaft hält, müssen sich beide Freunde respektieren, sich wechselseitig unterstützen und auf einander verlassen können. Das schließt eine gewisse Selbstlosigkeit ein. Beste Freunde können sich blind auf einander verlassen, alles anvertrauen und sind immer füreinander da. Wer gute Freundschaften hat, ist glücklicher und gesünder.

„Ein wahrer Freund ist der, der Deine Hand nimmt, aber Dein Herz berührt." Daher sollte man

Freundschaft nie als selbstverständlich sehen, denn wahre Freundschaft ist fast genauso selten wie die große Liebe. Oder anders formuliert: „Freunde sind Menschen, die bleiben, wenn alle anderen gehen."

Freundschaft muss ertragen, dass diese nicht immer und zu jedem Zeitpunkt erfüllt werden kann. Wir sollten zwar mit unseren Freunden durch „dick und dünn" gehen. Aber manchmal geht das nicht. Auch Freunde sind nur Menschen - mit all ihren Schwächen, Fehlern und Unzulänglichkeiten.

Die folgenden Fabeln, Märchen und Geschichten sind entstanden aufgrund von Freundschaften oder erinnern an solche, die zerbrochen oder vergangen sind. Manche halten noch immer. Manche überdauern sogar den Tod. Manche sind zutiefst menschlich, selbst wenn sie eine Bindung zu Tieren hergestellt haben.

Immer bleibt der Ausspruch meines Freundes, dass wir bei allem, was wir tun und was wir unterlassen, Gesichtspunkte von Sommersprossen unterscheiden.

Limassol (Zypern) - Jochen Nagel

Das Besuchstigerkätzchen

Es war einfach so erschienen. Ohne Vorwarnung. Ohne Anmeldung. Es war einfach da gewesen. Auf dem Treppenabsatz hatte es sich gemütlich gemacht. Die Fußmatte war die wärmende Unterlage. Einfach zum Reinknuddeln.

Wir wussten nicht, woher es kam. Wir kannten nicht seinen Namen. Wir ahnten nicht, wem es gehörte. Wir hatten keinen Schimmer, warum es zu uns gekommen war.

Aber wir fanden es wunderbar, an diesem heißen Sommertag von ihm überrascht zu werden. An einem Tag, der den Schweiß aus allen Poren laufen ließ. Die Sonne lachte vom blauen Himmel, der alleine durch ein paar freundliche weiße Wolken verschönert wurde. Bayern-Wetter. Weiß-blau eben.

Die sommerlichen Temperaturen steigerten unseren Durst ungemein. Jegliche kühle Brise war willkommen. Schattige Plätze wurden bevorzugt. Ein Sonnenschirm. Ein kühler Keller. Ein Vorgartendach.

Und unsere Seite vor dem Haus spendete Schatten.

Das war der Tag an dem das Tigerchen zu uns kam. Schatten suchend. Durstig. Zusammengerollt, erschöpft und schlummernd lag es auf unserer Fußmatte. Weiß und schwarz gemustert. Mit seidig glänzendem Fell. Einem Halsband mit silbernem Glöckchen, das hell läutete, wenn es sich bewegte. Und so einem lieben Gesicht, dem niemand zu widerstehen vermochte.

Wir wollten ja schon immer ein Kätzchen haben ... eine Gartenkatze. Sie sollte ihre Freiheit haben. Sie sollte kommen und gehen können, wann immer sie will. Und wir sollten unsere Freiheit haben. Denn tagsüber mussten wir zur Arbeit. Mehr als neun Stunden hätten wir uns nicht um ein Kätzchen kümmern können. Das fanden wir nicht schön. Das wäre gemein zum Kätzchen gewesen. Also Freiheit für jeden. Also eine Gartenkatze.

Ein Tigerchen. Schön gestreift. Schwarz und grau oder schwarz und weiß. Mit kurzem, aber weichem Fell. Mit treuem Blick. Eine Gartenkatze, die durch die Wiesen streunen konnte. Die Bewegung hatte. Fast wie eine Wildkatze.

Und jetzt war sie da!

Tja, wie sollen wir ihn beschreiben. Ein weißes Gesicht um das Kinn und die Nase, die von den langen, empfindlichen Barthaaren umringt war. Dann wurde es schwarz ab dem Stirnansatz über die Schulter weit hinunter zum Rücken. Je näher die Bauchseite rückte, desto mehr ging schwarz in weiß über. Die Brust, zunächst mit schwarzem Fell bedeckt, verlor sich in die Pfoten in die helle Farbe. Ausnahmen bildeten die zwei schwarzen Flecken an den Vorderpfoten, die neugierig wie Augen schauten. Insgesamt glänzte das kurzhaarige, samtweiche, gepflegte Fell und lobte Tigerchens Besitzer. Ein Rassetier. Zum Verlieben. Zum Knuddeln.

Was sie wohl hierher geführt hatte? Ein Geheimnis? Unser Wunsch? Nein, es war der Schatten und der Durst.

Alsbald erahnten wir dies. Aus dem Kühlschrank holten wir die Milch. Aus dem Schrank suchten wir einen passenden Teller. Wir mischten die Milch mit ein wenig Wasser. Katzen sollen so fettige Milch nicht pur trinken. Dies ist nicht gut für ihren, ach so empfindlichen Magen. Daran hatten wir gedacht.

War das ein Miauen. War das eine Freude bei unserem kleinen Tigerchen. Sogleich hatte es die Milch mit seiner feinen Spürnase geschnuppert. Die Vorfreude auf das durststillende Gebräu in der Hitze konnten wir fast schon greifen. Nervös tigerte das Kätzchen auf unserem Treppenabsatz hin und her. Und maunzte.

Vor lauter Aufregung verschütteten wir fast das kostbare Nass. Aber es gelang uns, den Teller mit der Milch ohne zu kleckern neben der Fußmatte abzustellen. Wir konnten gar nicht so schnell schauen, wie das Kätzchen sich über den Durstlöscher hermachte. Mit gespitzten Ohren - es könnte ja eine Flucht nötig sein - und die Pfoten angespannt zum Sprung schlürfte es den Teller leer.

In einem atemberaubenden Tempo schleckte die Zunge die Milch. Welch' eine Erfrischung. Viel zu schnell leerte sich der Teller. Mit fragenden Augen und einem leisen Miauen deutete uns das Kätzchen, dass sein Durst noch lange nicht gestillt war.

Also gab es eine zweite Portion. Die Milch-verdünn-und-hoffentlich-nicht-verschütt-Aktion wiederholte sich.

Ob es sich wohl streicheln ließ? Ob es wohl Hunger hatte? Wem es wohl gehörte? Fragen über Fragen schossen uns durch den Kopf. Die erste beantworteten wir sogleich.

Bereits mit der zweiten Schale Milch schöpfte das Tigerchen - das war für uns jetzt sein Name - Vertrauen. Ganz vorsichtig näherten sich Tatjanas Hände dem kleinen Kopf. Die Ohren wurden noch aufmerksamer. Alles war angespannt.

Würde es davonlaufen?

Nein. Das Streicheln gefiel ihm. Nachdem das Kätzchen seine Milch getrunken hatte, ließ es sich geduldig streicheln. Die Streicheleinheiten taten ihm sichtlich gut. Es streckte sich und wurde lang und länger. Erst eine Hinterpfote. Dann die andere. Schließlich die Vorderpfoten. Und immer wieder stieß es seinen Kopf an Tatjana und ließ sich genüsslich streicheln.

Urplötzlich war's jedoch genug. Auf einmal wandte es sich ab und trottete den Weg entlang in Richtung Straße. Und verschwand.

Da hatten wir uns einiges zu erzählen. Würde es wiederkommen? Wie es hieß? Wohin es jetzt wohl lief? Es bereitete uns Freude. Die Zeit verging wie im Fluge.

Am darauffolgenden Abend rechneten wir zunächst nicht mit dem Tigerchen. Wir saßen gemütlich auf der Terrasse. Die Sonne ging langsam unter. Ein schöner

Abend. Das kühle Bier in den Gläsern löschte unseren Durst.

Ein plötzlicher Blick in die Wohnung barg eine schöne Überraschung. Vor unserer Tür zeichneten sich die Konturen einer Katzenstatue ab. Wirklich. Wie eine Statue saß das Tigerchen vor der Tür und versuchte zu erkennen, ob jemand zuhause war.

Wie vom Blitz getroffen sprangen wir von unseren Stühlen auf, um dem Kätzchen entgegen zu eilen und etwas zu trinken zu geben. Nun bewegte sich die Statue. Das Kätzchen hob das linke Vorderpfötchen und kratzte an der Tür. Sehnsüchtig den Blick nach innen gerichtet. Was für ein goldiger Anblick. Tatjana öffnete die Tür und verteilte die Streicheleinheiten. Ich suchte einen größeren Teller, der gleich mehr Milch aufnehmen konnte. Der braune, runde Nachspeisenteller schien geeignet. Auf jeden Fall konnte ich die Milch kaum verschütten.

Und wieder dasselbe Schauspiel. Die Zunge konnte nicht so rasch schlecken wie der Durst groß war. In der Zwischenzeit schnitten wir ein wenig Wurst in kleine Stückchen. Bald würden wir wissen, ob unser Tigerchen auch Hunger hatte. Oh ja. Und was für einen. Als hätte es tagelang nichts gefressen, stürzte sich das Kätzchen auf die Wurst. Lecker.

Nach einigen Streicheleinheiten zottelte es wieder los. Nach Sambia. Nicht wirklich bis nach Afrika. Gegenüber unserem Haus lag die Botschaft des Landes. Dorthin verschwand das schwarz-weiße Tigerchen jetzt. Im Dickicht von hohem Gras, Büschen und Hecken - wie es sich für den Garten einer afrikanischen Botschaft gehört - verloren wir es aus den Augen.

Von nun an ging es jeden Abend so weiter. Etwa zwischen halb sieben und halb acht saß das Tigerchen vor unserer Tür. Dann streichelten wir es und gaben ihm Milch und Wurst. Anschließend lief es seinen Rundgang in Richtung Sambia. Das Tigerchen wurde richtig zutraulich. Wir gewöhnten uns an das allabendliche Ritual.

Eines blieb dabei festzuhalten. Bei aller Zutraulichkeit uns gegenüber blieb das Kätzchen äußerst schreckhaft gegenüber Hunden - dann versteckte es sich hinter unserer Mülltonnenabtrennung - oder Autos oder sonstigen lauten Geräuschen. Dies blieb uns ein Rätsel.

Im Laufe der folgenden Wochen fanden wir heraus, dass das Tigerchen verdünnte Kondensmilch viel lieber mochte als „normale" Milch. Außerdem trank es sein Schälchen nicht mehr auf Anhieb restlos leer. Eine kleine Neige blieb stets zurück. Bald wussten wir warum. Wenn die große Runde nach Sambia - und wer weiß wohin - beendet war, kehrte es so gegen halb elf Uhr nochmals zu uns zurück, trank den Rest bis auf den letzten Tropfen, schlummerte ein wenig auf der Fußmatte und lief dann heim.

Das mit dem letzten Tropfen stimmte wahrlich. Die Schale war stets so sauber, dass wir sie eigentlich gar nicht spülen wollten. Wir machten es aber trotzdem. Katzen sind wirklich sehr reinliche Tiere. Wir fanden es stets amüsant der Katzenwäsche zuzusehen. Warum es so heißt, wenn wir uns so oberflächlich waschen, ist uns unerklärlich. Unser Tigerchen hatte einen richtigen Sauberkeitsfimmel. Jeder Millimeter des Fells wurde abgeschleckt und gereinigt. Im Zweifel zweimal. Falls eine Stelle vergessen wurde.

Nachdem sich eine feste Besuchszeit ergeben hatte, rüsteten wir uns auch mit richtigem Katzenfutter aus. Unsere Wurst und verdünnte Kaffeesahne waren nicht die richtige Nahrung für eine Katze. Trockenfutter mit Geflügelgeschmack, Katzenmilch, verschiedene andere Futter und eine eigene Schale für das Tigerchen. Immer wechselnde Schalen, so sollte es künftig nicht mehr sein. Schneeweiß war er von außen, wie Teile seines Fells, und von innen natürlich schwarz, wie die übrigen Anteile. Und groß. Da ging jede Menge Milch hinein. Schließlich sollte es sich hier wohlfühlen. Hm.

War das ein Festmahl. So etwas leckeres hatte es schon lange nicht mehr gegeben. Die Augen, die grünlichen, leuchteten mit ganzer Kraft. Unvorstellbar schön. Wir versanken in diesem Blick. Alles um uns herum wurde unbedeutend. Die scheinbar grenzenlose Freude steckte uns an.

Bis zu diesem Tag befolgten wir unsere eiserne Regel. Unser Tigerchen war eine Vorgartenkatze. Milch ja, Futter ja, Streicheln - ganz besonders und stark - ja, ins Haus nein! Da waren wir sehr streng. Mehrfach versucht hatte es das Kätzchen schon. Aber wir blieben stets hart.

Doch diese Augen. Diese Blicke. Da wurden wir schwach. Wenn das Tigerchen heute einen Hausbesuchsversuch starten würde, wir hätten nichts dagegen gesagt.

Natürlich kam der Versuch. Schwupps, war das Tigerchen im Haus. Neugierig, aber vorsichtig lief es zunächst in die Küche. Das war alles neu hier. Es gab ja so viel zu beschnuppern. Unter den Stühlen, unter dem Tisch. Irgendwo von hier kam ja auch die Milch her. Doch mit dem einen Zimmer war es noch nicht genug. Auch das Wohnzimmer musste erkundet werden. Hier gab es schöne Ecken, um sich zu verstecken. Hinter dem Sessel, hinter dem Regal, unter dem Tisch. Und erst der Teppich. Der war vielleicht weich. Kuschelig. Geschmeidig räkelte sich das Tigerchen auf dem flauschigen Untergrund. Gemütlich. Lang und länger streckte sich die Katze aus. Ja, es war schon kein Kätzchen mehr. Und nach dem Räkeln kommt das kratzen. Ruck zuck fuhr es die Krallen aus und fing auf dem Teppich an zu kratzen.

Das war gegen - unsere - Regel. Schu. War es das? Schu. Wir scheuchten das Kätzchen auf. Der Schrecken saß. Es tat uns in der Seele weh. So schnell wie es in der Wohnung war, sauste es wieder nach draußen. Nach Sambia. Ohne Pass. Ohne Katzenvisum. Einfach so.

Gott sei Dank, es war uns nicht böse und kehrte am folgenden Abend zurück. Gierig naschte es die Milch und das Futter. Sichtlich wohlfühlend kam das Streicheln an. Schnurrend und streckend gönnte sich das Tigerchen diese Wellnessphase.

Eric kam des Weges. Eric war der Nachbar aus Irland, der hier seine neue Heimat gefunden hatte. Wir erinnerten uns gern an das Wendehammerfest im letzten Sommer. Viele gemütliche Stunden saßen wir bis tief in die Nacht, tranken Kölsch und diskutierten insbesondere über Fußball. Welches die beste Nationalmannschaft sei, welcher Verein uns am liebsten war. Sportgespräche eben.

„Hi, Diabolo" rief er unvermittelt. Zwei Ohren schossen spitz nach oben. Gerade noch schnurrend angelegt, waren sie jetzt hellhörig und wachsam. „Hier frisst Du Dich immer ausgiebig satt. Dein Frauchen macht sich schon Sorgen, warum Du daheim so wenig Hunger hast. Kleiner Schlingel."

Diabolo. Das war also Tigerchens Name.

„Hallo Eric" grüßten wir zurück. „Weißt Du wohin das Kätzchen gehört?"

„Na klar," kam die Antwort wie aus der Pistole geschossen, „sie gehört ins Haus Nummer 18. Meine Nachbarin aus der französischen Botschaft. Sie fährt den blauen Jeep. Ihr kennt Sie?"

„Ja, genau, aber warum ist Diabolo immer so viel unterwegs?"

„Ach, Diabolo ist überall zu Hause. Bis vor ein paar Wochen ist sie stets durch den Garten auf ihre Spritztour gegangen. Zuerst ins Haus 56, dort gab es einen kleinen Snack, und dann hier durch den Zaun zur

Botschaft von Sambia. Manchmal auch zum Sportplatz vom SSV Plittersdorf. Wie er Lust hatte."

Jetzt verstanden wir auch den Weg des Tigerchens durch den Fußweg entlang der Häuser in der mittleren Reihe unserer Siedlung. Natürlich. Durch den Garten.

„Vor zwei Wochen sind sie dann umgezogen und so hat sich Diabolo eine neue Pausenanlaufstelle gesucht."

Nun wussten wir um die Zutraulichkeit und den Appetit. Tigerchen, pardon, Diabolo war dies so gewohnt.

„Tja, und weil ihre Besitzer viel auf Reisen sind, streunt sie umher und sucht - und findet - nette Nachbarn, die sie durchfüttern."

Wir lachten herzhaft.

Es schien, als würde Diabolo ebenfalls schmunzeln. Zumindest legte er einen schelmischen Blick auf, ließ die Augen kräftig leuchten, streckte sich unendlich lange und zischte wie der Blitz die Straße entlang in Richtung Sportplatz, als wäre das sein Stichwort gewesen.

Geraume Zeit plauderten wir noch mit Eric. Dann verabschiedeten wir uns. Viel Neues gab es zu bereden.

Noch lange saßen wir auf der Terrasse und plauschten über das schwarz-weiße Kätzchen, das jetzt für uns einen Namen hatte.

Die Tage des Sommers, der ein sehr verregneter war, gingen rasch vorüber. Regen. Ja, das war nichts für Diabolo. Wenn die feuchten Tropfen vom Himmel herabfielen, suchte er zumeist trockene Plätze. Dann machte er sich ziemlich rar.

Unser Urlaub rückte jeden Tag näher.

Würde Diabolo uns erneut besuchen? Würde er sich an uns erinnern? Würde er seine Zwischenmahlzeiten bekommen? Viele Fragen bewegten uns. Wir hatten uns richtig an den kleinen Racker gewöhnt.

Zum Abschied nutzten wir die Gelegenheit des allabendlichen Imbisses für ein paar Fotos. Beim Milchschlabbern. Flugs schoss der Kopf beim Klicken der Kamera in Richtung Linse. Neugierig sind sie halt, die Katzen. Oder beim Streifen durch das hohe, sich im Sommerwind wiegende Gras. Oder beim Spielen mit den Blättern. Oder beim sich kraulen lassen.

An diesem Abend waren wir auch nicht gerade streng mit der „Das-Haus-betreten-ist-verboten-Regel". Genüsslich, neugierig aber vorsichtig, streifte Diabolo durch unser Haus. Erst die Küche. Dann das

Wohnzimmer. Das war ja bekannt. Doch halt. Was war das? Ein neuer Winkel. Vorsichtig schob das Tigerchen seinen Kopf hinter die Couch. Wo es da hinging?

Wir waren natürlich zu langsam. Ruck zuck verschwand die ganze Katze im schmalen Spalt hinter dem grünen Sofa. Geheimnisvoll. Spannend. Verstecken spielen. Das bereitete sichtlich Freude, denn dies war ein Platz, den wir nicht erreichten. Egal, wie wir es auch versuchten. Diabolo ließ sich nicht locken.

Irgendwann siegte die Neugier. In diesem Haus gab es noch so viele Zimmer. Wir dachten schon, Diabolo zog es nach Hause. Auf sanften Pfoten bewegte er sich, leise kratzend, über das Parkett und die Fliesen zum Ausgang. Interessiert tastete der Blick die Treppe hinauf. Ein Pfötchen suchte den Weg nach oben. Unruhig wogte der Schwanz hin und her. Ein leises Schnurren. Noch ein Pfötchen. Sodann ging alles blitzschnell. Im ICE-Eiltempo stürmte Diabolo die Treppe hinauf. Die Schlafzimmertür - verschlossen. Doch das nächste Zimmer stand offen. Hier war es gemütlich. Der samtige Teppichboden. Schön zum Kratzen. Ein Tisch zum verstecken und - ein Korb.

Sachte wanderte der Kopf in den geflochtenen Weidenkorb. Kaum vernehmbar knarrten die geflochtenen Streben. Unheimlich. Die Barthaare streiften den Rand. Brr, schüttelte sich Diabolo. Nichts für mich.

Noch nicht.

Aber was war das? Der Schrank schien spannend zu sein. Außerdem hingen hier Mäntel und standen weiche Stofftiere. Ein prima Ort zum Liegen, schlummern und ausruhen. Mal sehen, wer mich findet.

Wir waren fiel zu langsam. Wohin führte Diabolos Weg? Gut. Schlafzimmer und Bad - verschlossen. Im grünen Zimmer - keine Katze zu entdecken. Also suchten wir unter dem Dach weiter. Doch auch hier fehlte jede Spur von dem „Versteck-Spiel-Kätzchen". So riesig war die Wohnung nun nicht. Wir starteten die Suche von vorn ...

... und entdeckten den kleinen Racker hinter einem Mantel eingerollt und schmunzelnd schlummernd.

Kaum entdeckt floh Diabolo. Mit Raketenantrieb gleich stürmte er die Treppe hinab, aus der Tür hinaus, durch den Vorgarten schnurstracks nach Hause.

Vierzehn lange Urlaubstage bewegte uns die Frage, wie es sein würde, wenn wir nach Hause kämen.

Mit unseren Koffern, die wir auf den winzigen Rollen hinter uns herzogen, liefen wir das letzte Stück vom Bus nach Hause. Die Rollen ratterten lautstark auf dem Verbundsteinpflaster und kündeten von unserer Heimkehr. Zu der frühen Stunde war kein Nachbar zu sehen. Aber, stimmte es, lief dort am Ende der Straße Diabolo?

Der Lärm ließ den Kopf herumschnellen. Die Ohren gespitzt. Zum Sprung bereit. Kraftvoll und freudig erregt sprang Diabolo mit riesigen Katzenschritten auf uns zu.

Das war ein Empfang. Eine überwältigende Begrüßung. Solch eine Begeisterung hatten wir nicht erwartet. Wir waren außer uns vor Freude. Schnurren, Miauen und ständige Stöße mit dem Kopf an unsere Beine und Hände. Spielend schlich Diabolo zwischen unseren Beinen umher. Schmiegte sich an uns. Ein herrliches Gefühl.

Uns fielen Zentnerschwere Steine vom Herzen. Tigerchen hatte uns nicht vergessen. Jetzt hieß es natürlich guten Katzenschmaus einzukaufen. Ehrensache.

Als hätte Diabolo auf uns gewartet. Kaum war der Einkauf erledigt und wir fuhren unser Auto in die Garage, beobachtete er uns. Diabolo hockte gemütlich zusammengekauert auf der Mauer, die die Einfahrt zur Tiefgarage säumte. Das Blech, erhitzt von der einfallenden Sonne, bot einen angenehmen Aussichtspunkt. Von hier aus sah Diabolo alle Bewohner kommen und gehen. Außerdem alle Vögel in den Bäumen. Und dann gab es noch einen Vorteil: Die Mauer war unerreichbar hoch für Bobby, den verrückten Mischlingshund. Er stritt sich immer mit Diabolo um die Katzenmilch. Verrückt.

Tigerchen betrachtete uns genau. Langsam folgte das Köpfchen und die Auffahrt hinauf. Die Muskeln gerieten zögerlich in Bewegung. Ein Katzenbuckel entstand. Kurzes Schauern, denn die Wärme fehlte. Strecken. Ab ging der Trab. Tapps, tapps, tapps ... flugs folgte Diabolo uns hinterdrein. Mal sehen, was der Einkauf heute Gutes bot.

Eines fiel uns - nicht sogleich - nach ein paar Schritten auf. Die Geschmeidigkeit einer Katze, die lautlos über dem Boden schweben, sich unbemerkt anschleichen und aus dem Stand geräuschlos springen kann, war verlorengegangen. Dann erkannten wir das Malheur. Rechts vorn. Die Vorderpfote. Diabolo setzte sie nur zaghaft auf. Und leckte dauernd sie mit seiner Zunge. Auch das Halsband fehlte. Merkwürdig. Außerdem ließ er sich nicht anfassen.

Oh, je.

Was war da nur passiert? Hoffentlich nichts schlimmes. Kein Kampf. Als Katzenlaien konnten wir nichts erkennen. Wir hatten kein Buch darüber, kannten keinen Tierarzt.

Jeder schmerzende Schritt tat uns ebenso weh. Uns durchzuckte derselbe stechende, sich ins Fleisch bohrende, Schmerz wie Diabolo.

Armes Kätzchen.

Streunendes Kätzchen.

Das schwarz-weiß getigerte Kätzchen bereitete uns Kummer. Oft dachten wir an die Verletzung. Manchmal an das verlorene Halsband.

Drei Tage ging dies so. Hinkend. Vorsichtig. Ängstlich. Stets ein Versteck in Schrittnähe. Ein Auto zum darunter kriechen. Eine Mülltonne zum drauf springen. Ein Zaun zum Durchschlüpfen. Eine offene Haustür zum hinein fliehen. Diabolo war äußerst wachsam. Angespannt. Jedes noch so ferne Bellen eines noch so kleinen und unbedeutenden Hundes schreckte ihn auf. Tigerchen zuckte zusammen. Das Fell sträubte sich. Die Ohren spitzten sich. Jederzeit zur Flucht bereit.

Armes Kätzchen.

Verängstigtes Kätzchen.

Auf jeden Streichelversuch fuhr es die Krallen aus, fauchte und schlug nach der Hand. So eine Reaktion hatten wir noch nicht erlebt.

Gefährliches, wehrhaftes Kätzchen.

Die Verletzung ging vorüber. Diabolos Heilkräfte waren intakt und unser täglicher Rhythmus stellte sich ein.

Selbst ein Halsband gab es nun wieder. Ohne Glöckchen. Schmucklos. Ein weißes Lederband.

Daran fiel es uns zuerst auf. Diabolo war in den vergangenen vier Monaten enorm gewachsen. Aus dem kleinen gescheckten Schmusetigerchen war eine ausgewachsene Besuchstigerkatze geworden.

Besuchstigerkatzen kommen am liebsten zu Besuch. Heute war so ein Tag.

Nach einer kurzen Mahlzeit stolzierte Diabolo ins Haus. Wir hatten keine Einwendungen. Heute sowieso nicht. Die Pfote war verheilt. Wir nach dem Urlaub vereint. Auf ging's.

Ohne auch nur einen Augenblick zu zögern rannte Diabolo die Treppe hinauf. Unverzüglich bis in das zweite Stockwerk. Hier war alles neu. Die Farbe des Teppichbodens. Die Möbel. Und ganz tolle Ecken, um sich zu verbergen. Hinter den großen blauen Kissen zum Beispiel. Gedacht, getan. Zunächst konnten wir Diabolo nicht entdecken.

Wedelte da nicht etwas hinter dem Kissen?

Natürlich. Eingemummelt lümmelte die Katze hinter dem großen Kissen. Ein toller Platz. Allerdings setzte Diabolo die Kuschelzimmerinspektion fort. Die Neugier war stärker.

Was wohl das zweite Kissen verbarg?

Was hinter dem Schrank lag?

Ob dies ein Katzenkratzteppich war?

Ein lauschiges Zimmer. Mit tollem Ausblick auf die grünen Hügel. Die im Wendehammer spielenden Kinder in Sicht. Der Genuss der letzten wärmenden Sonnenstrahlen des Abendrots auf dem Fell. Herrlich.

An der vollständigen Inspektion fehlte allein der große Korb. Das mussten Diabolos Gedanken gewesen sein, als er Schnurstracks die Treppe hinunterstürmte geradewegs in das grüne Zimmer. Einen Augenblick überlegte er.

Hinter die Mäntel?

Nein.

Der Korb war noch nicht erforscht.

An diesem Tage leer. Vorsichtig, aber neugierig, wanderte das weiße Näschen mit seinen empfindlichen Barthaaren über den Rand.

Spannung.

In Zeitlupe hob Diabolo seine Tatze. Hoch auf den Rand des Korbes. Leises Knarren. Übervorsichtig befühlte die Pfote das unbekannte Material. Stabil. Vertrauenserweckend. Schon folgte die zweite Pfote. Ab auf die Hinterbeine mit dem ganzen Gewicht. Danach verschob sich die Belastung gemächlich auf die Vorderpfoten ...

Plötzlich schaukelnd gab der unten abgerundete Korb nach.

Diabolo zuckte erschrocken zurück.

Wir mussten ein Lachen verbergen.

Unsichtbar arbeitete das Katzengehirn. Was soll ich tun? Über die Kante wackelt es. In der Mitte stört dieses Ding - der Griff - am großen Sprung. Aber interessant ist es sicherlich.

Schwupps, da saß die neugierige Katze schon im Einkaufskorb. Schade, dass wir keinen Fotoapparat parat hatten. Allein die Ohren und Teile des Kopfes schauten heraus. Das bereitete sichtlich Freude.

Da Diabolo keine Anstalten machte, seinen neu gefundenen Schmuseplatz zu verlassen, bereiteten wir unser Essen vor. Schließlich wollten wir ihn nicht vertreiben. Wir hatten Diabolo und seine Besuche liebgewonnen. Die Türe ließen wir vorsichtshalber offen. Mitten im Kartoffelschälen hörten wir dann diese Geräusche.

„Warst Du das?"

„Nein, was denn?"

„Hörst Du das denn nicht?"

Jetzt hörte ich es auch. Es klang wie eine Katze.

„Ich dachte schon, Du machst wieder Katzenstimmen nach."

Wir eilten den Geräuschen nach.

Ins Grüne Zimmer. Zum Korb.

Keine Katze.

Hinter den Mänteln.

Keine Katze.

Lautes Miauen.

Also folgten wir dem Ruf.

Was war bloß geschehen?

Schnell erkannten wir es. Unter dem winzigen Blumenhocker hockte unser Tigerchen. Maunzte was das Zeug hielt. Zusammengekauert, so winzig es nur ging, damit es in die hinterste Ecke in dieses Versteck gelangen konnte.

Auslöser?

Ganz klar: Vernachlässigung. Keiner hatte sich mehr um ihn gekümmert. Keiner lachte über sein Spiel. Niemand beobachtete seine Wege. Niemand scheuchte ihn weg. Das war auch fad. Richtig blöd.

Aufmerksamkeit auf sich lenken, das vermochte Diabolo.

Wir erkannten unseren Fehler und spielten ein wenig. Kraulen hinter den Ohren. Schnurr. Streicheln am Bauch. Schnurr. Ach, tat das gut. So gut.

Allerdings nicht gut genug für einen Dauerbesuchstiger. Ohne Vorankündigung schwang sich Diabolo auf seine Pfoten, schleckte sich noch sorgfältig ab, streckte sich und trottete stolzierend und fast schon schwebend die Treppe hinab. Ein kleiner Happen. Ein kleines Schlückchen Milch. Linkswendung. Auf den schmalen Steinkanten neben dem Spritzkies entlang schlich er nach Hause.

So gingen die Sommer- und Herbsttage ins Land. Abendliches Füttern. Morgenüberraschung. Streicheln. Kratzen auf der Fußmatte. Strecken. Hausinspektion. Kopfstöße. Anschmiegen. Wanderung durch Sambia. Bettelnd und Pfötchen kratzend an der Haustür. Reste-Essen-Besuch-um-halb-elf-Uhr.

Eine tolle Zeit.

Der Winter und die dunkle Jahreszeit brachten Veränderungen. Wir erkannten Diabolo nicht immer rechtzeitig auf unserem Treppenabsatz. Das Regenwetter - Katzen und Regen passen irgendwie nicht zueinander - ließ die Katzenstreuninspektionswanderungen geringer werden.

Und so plötzlich und unerwartet wie das Tigerchen erschienen war, verschwand Diabolo, wie er ja heißt, auch wieder. Wir sind ein wenig traurig. Wir vermissen das Besuchstigervorgartenkätzchen.

Aber neulich. Neulich, da haben wir ihn wieder gesehen. Er kam aus Sambia ...

E N D E

Lüneburg - Jochen Nagel

Der Igel und der Bär

Die Fabel vom Igel und dem Bären geht so: In einem grünen, schattigen Hain am Rande des großen Waldes lebte eine kleine Igelfamilie. Sie fristeten ihr zufriedenes Dasein und versüßten sich ihre Tage durch den Honig, welchen sie bei den arbeitsamen und fleißigen Bienen naschen durften. Viele Generationen von Igelfamilien und Bienenvölkern dauerte dieses friedliche Zusammenleben nun an. Und so könnte es eigentlich weitergehen und alle leben zufrieden und glücklich bis ans Ende ihrer Tage.

Eines Tages aber, da drang ein großer, starker, zottiger und mächtiger Braunbär in die Idylle ein. Mit seinen riesigen Pranken zerstörte er die Natur. So schien es. Er kratzte mit seinen Krallen die Rinde an den Bäumen ab. Er schrubbte sich den Rücken an den Bäumen und brach einige kleine Exemplare ab. Er stieß vor lauter Übermut auch Bäume um. Mit seinem furchterregenden Gebrüll vertrieb er die friedlichen Bewohner des Waldstücks. Und mit seinem unbändigen Hunger, vor allem gerne auch auf Honig, raubte er den Waldbewohnern die lebensnotwendige Nahrung.

Alle Tiere fürchteten sich vor diesem mächtigen Tier. Manche sagten sogar Untier.

Was sollten sie aber tun?

Lange Zeit nahmen sie den Eindringling hin. Schließlich war er groß und stark. Doch bald schon neigten sich die Speisen, insbesondere der Honig, dem Ende entgegen.

So konnte es nicht weitergehen.

Die Igelfamilie nagte förmlich am Hungertuch. Sie wurden dünner und dünner. Sie konnten sich vor fehlender Kraft kaum mehr bewegen und sorgten sich darum, ob sie den bevorstehenden Winter überhaupt überleben würden.

Eines Abends raffte sich der Igelvater auf und sprach zu seiner Familie: „Genug ist genug. Wir verstecken uns nicht länger vor diesem Ungetüm. Ich will jetzt versuchen, uns etwas zu essen zu holen. Vielleicht kann ich auch den Bären besänftigten. Ansonsten haben wir keine Chance mehr."

Die Igelmutter machte sich große, nein, größte, nein, allergrößte Sorgen. „Meinst du, dass das denn einen Sinn hat. Er könnte dich töten. Hast du denn gar keine Angst?"

„Doch. Aber wenn wir nichts tun, müssen wir vor lauter Angst verhungern. Also versuche ich, den Bären ernst zu nehmen, aber trotzdem nach einer Lösung für alle hier im Wald zu suchen. Auch wenn es äußerst gefährlich ist. Ich muss es tun. Für uns und für alle Tiere hier in unserem Wald."

„Aber bitte sei ganz vorsichtig. Ich sorge mich sehr um dich," sprach die Igelmutter und verabschiedete den Igelvater liebevoll.

„Ja," antwortete der Igelvater, „das will ich sein."

Sprachs und verschwand im Wald auf dem Weg zu den Bienen, da der Honig offensichtlich am nahrhaftesten war und zu den Leibspeisen des Bären gehörte. Mit ein wenig Glück würde er ihn dort antreffen.

Alsbald hörte er schon von Weitem das zufriedene, satte Brummen von Gevatter Bär.

„Hallo Bär," rief der Igelvater ihm zu, „lasse mir auch noch etwas von dem Honig übrig. Ich habe großen Hunger. Und meine Familie ebenso."

„Was störst du mich bei meiner Mahlzeit, du Wicht," knurrte der hochmütige Bär, „ich war zuerst hier und ich bin der Stärkere. Willst du mir vielleicht mein Futter streitig machen?"

„Nein," antwortete der Igelvater ruhig, „aber wir werden alle einen jämmerlichen Hungertod sterben, wenn du weiter so wütest. Es wäre genug für sämtliche Tiere da, wenn du dich ein klein wenig zügeln würdest."

Der Igelvater spürte, wie der Mut in ihm aufstieg. Der Bär war zwar beeindruckend groß und hatte beängstigende Pranken sowie ein riesiges Maul. Aber er war auch nur ein Waldbewohner.

„Was erdreistest du dich," erzürnte sich der Bär und brüllte den Igel an, sodass es wie ein unendliches Donnergrollen klang, „du willst mich in die Schranken verweisen. Ich werde dir deine Frechheiten austreiben."

Ungestüm und mit markerschütternden Gebrüll stürzte sich der Koloss auf den winzig kleinen Igel.

Erschrocken und ein wenig kraftlos, da er so lange nicht mehr richtig gefressen hatte, rollte sich der Igelvater schützend zusammen. Ganz klein machte er sich. Hoffentlich war ich nicht zu forsch und vielleicht schützen mich ja meine Stacheln, dachte er.

Ohne auf die Stacheln zu achten, schlug der Bär voller Zorn auf den aufmüpfigen Igel ein. Hin und her rollte der geschwächte Winzling. Der ungleiche Kampf schien seinen erwarteten Ausgang zu nehmen.

Plötzlich tönte ein grauenvoller Schrei in die Weiten des Waldes und darüber hinaus. Die Waldbewohner hielten den Atem an. Was war geschehen?

Wie von einem Blitz getroffen fiel der Bär zu Boden. Er krümmte sich vor Schmerzen. Unmittelbar ließ er von seinem Kontrahenten ab. Ein Stachel des Igels hatte sich tief in seine Pranken gebohrt.

Verwirrt, da die Schläge so plötzlich aufgehört hatten, und gleichzeitig betäubt von den Hieben des Bären, blickte der Igelvater vorsichtig auf.

Nachdem er sich orientiert hatte, sah er den hilflos wirkenden Bären.

Er fasste all seinen Mut zusammen und sprach den überlegen wirkenden Gegner im ungleichen Zweikampf an. „Soll ich dir helfen?"

Brennende Schmerzen breiteten sich aus der verletzten Pranke aus. Knurrend, aber nur leise knurrend, antwortete der Riese ungeduldig. „Ja, jetzt mach schon. Es schmerzt, es brennt, es tut so furchtbar weh. Was hast du bloß mit mir gemacht? So hilf mir doch," flehte Gevatter Bär den ausgehungerten Igelvater an.

Der Igel überlegte kurz und sagte, „gut, ich will dir gerne helfen und dich von deiner Pein erlösen. Aber du musst mir versprechen, dass du künftig genug Nahrung für uns alle übrig lässt."

Gevatter Bär brummte vernehmlich.

„Ich bin ja nicht verletzt," entgegnete der Igelvater, „und ich habe auch noch genug Stacheln übrig. Überlege dir, wie du handeln möchtest."

Welche Wahl hatte der Bär den jetzt noch?

Er willigte in den Handel ein.

Sogleich befreite der Igelvater ihn von seinem Stachel.

Von nun an herrschte wieder eine Idylle im kleinen Hain, wie so viele Jahre zuvor. Und der Igel und der Bär kamen von nun an sehr gut miteinander aus.

E N D E

Siebengebirge - Jochen Nagel

Ein Prüfer im Himmel

Günther Oehme, Postprüfer im BRH, besorgte eine letzte Prüfung, den Bundesanstalt Post Bericht (noch gestern hast Du Dich lautstark über die mangelhafte Technik echauffiert, die Dich an der Arbeitserledigung hindert), mit solcher Hast, dass er vom Schlage gerührt zu Boden fiel.

Zwei Engel zogen Dich mit viel Mühe in den Prüferhimmel, wo St. Petrus Dich aufnahm. Der Apostel gab Dir eine Harfe und machte Dich mit der himmlischen Hausordnung bekannt: Von acht Uhr früh bis zwölf Uhr mittags Erhebungen „frohlockend" durchführen und von zwölf Uhr mittags bis acht Uhr abends „Hosianna singend" Prüfungsmitteilungen und Berichte schreiben.

Dabei hast Du in Deinem beinahe zweiundzwanzigjährigen Prüferleben eine Vielzahl von Prüfungsmitteilungen und Bemerkungen geschrieben. Über die Wirtschaftlichkeit von Postämtern (noch heute „verflucht" Dich manch ein Amtsvorsteher, dem Du unwirtschaftliche Schalterauslastung oder unsaubere Briefkästen vorgeworfen hast), über die Auslastung von Bahnpostfahrten (die Du nachts begleitet hast, um die verteilten / verworfenen Briefe, Päckchen und Beutel zu ermitteln), über die Oberpostdirektionen - insbesondere in München und Nürnberg, die besonders intensiver Beratung bedurften (ein Schelm, der behauptet, dass dort die Biergärten lockten - über die Bundesanstalt für Post und Telekommunikation (Du hast schon einmal die Entlassung - statt Entlastung - des Vorstands unterstützt) und die Postbeamtenkrankenkasse (never ending story). Teils entstanden Deine Prüfungsmitteilungen schon vor Ort mittels Laptop (als der Hof noch nicht wusste, wie man das schrieb), teils waren sie schon im Hofe fertig, um sie durch örtliche Erhebungen zu bestätigten.

„Ja, wann kriagt ma nacha was z'trink'n?" fragte Günther den Apostel. Schließlich schloss er, der die Weißbierkultur im Bundesrechnungshof in Frankfurt am Main eingeführt hatte, erfolgreiche Prüfungen gerne mit einem Weißbier ab.

„Sie werden ihr Manna schon bekommen." sagte Petrus.

„Auweh" dachte der neue Engel, „dös wird schö fad!" In diesem Moment sah Günther einen Prüfungsgebietsleiter, der seine Prüfungsmitteilung wiederholt korrigierte, und der alte Zorn erwachte in ihm. „Du Lausbua, du mistiga!" schrie er, „Kemmts der da herauf in den Himmi aa?" Und er versetzte ihm einige Hiebe mit dem Himmelsinstrument. Günther, Du warst es nicht gewohnt, Deine Werke derart zu überarbeiten. Gerne erinnerst Du an Deinen Vorgesetzten, der bereits um 7.30 Uhr, bevor die Postprüferkaffeerunde begann, Deine Entwürfe nach einmal „Querlesen" unterschrieb. Selbst wenn der geprüften Stelle „Onkel Heinrich" und „Vetter Günther" als Prüfer angekündigt wurden. Oder schon einmal „aus der Hüfte geschossen wurde", wie Du es als Western Anhänger und USA Fan formuliert hast.

Dann setzte sich Günther aber, wie es ihm kollegial befohlen, auf eine Wolke und begann frohlockend zu erheben.

„Ha-lä-lä-lä-lu-u-hu-hujah!"

Ein ganz vergeistigter Abteilungsleiter schwebte an ihm vorüber. „Sie. Herr Nachbar. Herr Nachbar!" schrie Günther, „Hamm Sie vielleicht ein Schmälzla bei Eahna?" Dieser korrigierte nur weiter seine Prüfungsmitteilung und flog Hosianna lispelnd vorüber.

„Jo, was is denn dös für a Hanswurscht?" rief Günther. „Nacha hamm's halt koan Schmälzla, Sie Engel, Sie ausgschamta. Do hol i mir zwoa Kilo Bananen." Ein Kalziumschub als Nervennahrung.

Dann fing er wieder sehr zornig zu singen an. „Ha-lä-lä-lä-lu-u-hu-Himmel-Herrgott-Erdäpfi-Saggrament-la-lu-hujah!"

Er schrie so laut, dass der liebe Herrgott von seinem Mittagsschlaf erwachte und ganz erstaunt fragte „Was ist denn das für ein Lümmel heroben?"

Sogleich ließ er Petrus kommen und stellte ihn zur Rede. „Horchen Sie doch!" sagte er und sie vernahmen Oehmius beim Hosianna singenden Abfassen von Berichten. „Ha-aaah-läh-Himmi-Herrgott-Saggerament-lu-jah."

Petrus führte Günther Oehme sofort vor den lieben Gott. Dieser sprach: „Aha, ein Oberpfälzer Postprüfer. Ja sagen Sie einmal, warum plärren Sie denn so unanständig?"

Günther war aber recht ungnädig und einmal im Schimpfen. „Ja, was glaab'n denn Sie! Weil Sie der liebe Gott san, müaßt i sing'n wie a Zeiserl und schreib'n wie an Goethe? Z' trinka kriagt ma nix. A Manna kriegt ma. Hat der g'sagt. A Manna. Überhaupt sing i nimma!"

Dabei hast Du Dich stets auf Neues eingelassen. Von Furth im Wald und der Post über die Oberpostdirektion in Frankfurt zum Bundesrechnungshof. Von der

Betriebsprüfung der Deutschen Bundespost über die Prüfung der Betätigung des Bundes bei der Deutschen Post AG bis zur Prüfung der Sozialeinrichtungen, wie dem Erholungswerk. Du hast Dich bis zum Schluss rührend um Neulinge im Prüfungsgeschäft gekümmert. Und Dich haben auch peruanische Gäste beim EUROSAI nicht schockiert; mit Weißbier hast Du sie bis tief in die Nacht „beraten".

„Petrus", sagt der liebe Gott, „mit dem können wir im Prüferhimmel heroben nichts anfangen. Für ihn hab ich eine andere Aufgabe. Er muss meine göttlichen Ratschlüsse zur Postprüfung der Bundesanstalt für Post und Telekommunikation überbringen. Da kommt er jede Woche ein paar Mal nach Bonn.

Da war Günther sehr froh. Und Du bekamst auch gleich einen Ratschluss für den Vorsitzenden der Bundesanstalt zur Postbeamtenkrankenkasse. Sie sollte reorganisiert werden. So flogst Du ab.

Allein, nach seiner alten Gewohnheit, gingst Du mit der Prüfungsmitteilung zuerst in die Bayerische Botschaft in der Innenstadt. Und die Bundesanstalt wartet bis heute vergeblich auf den göttlichen Ratschluss.

E N D E

Bad Ems / Lahn - Jochen Nagel

Ein Tag, an dem der Herrgott Urlaub machte

Eines Tages war er da. Der Gedanke. Oder war es Nacht. Nein, es war eindeutig Tag. Es war ein Mittwoch. Im Januar. So gegen Mittag. Urplötzlich tauchte er auf und ließ sich nicht abschütteln.

Das passiert gelegentlich. Man will eigentlich gar nicht über etwas Bestimmtes nachdenken. Es geschieht einfach so. Vor dem Einschlafen, wenn noch nicht alle Glieder so richtig müde sind. Auf einer Parkbank, wenn ein laues Lüftchen weht und man den Blick auf die Enten auf dem Teich richtet. Beim Sport. Wenn man scheinbar ohne zu denken seine Runden über den Sportplatz läuft. Dann kommen Sie. Die plötzlichen Gedanken. Erst nur zögerlich. Wie ein kurzer Blitz, der den Himmel erhellt. Anschließend verstärken sie sich. Wie der nachhaltig hallende Donner. Schließlich setzen sie sich fest. Wie der lang anhaltende Regen nach dem Gewittersturm. Unerbittlich. Nicht mehr zu verdrängen.

So war es auch an jenem Mittwoch im Januar. Gegen Mittag. Der Herrgott war wie immer außerordentlich beschäftigt mit seiner wunderbaren Schöpfung. Da war er. Zuerst war er nur vorsichtig. Ganz zaghaft.

Wie die ersten Knospen eines Baumes im nahenden Frühling. Der Herrgott wollte ihn verdrängen. Es gelang ihm nicht. Der Gedanke blieb hartnäckig. Wohlwollend und maßvoll. Denn der Gedanke wusste ja, was sich gehört. Aber er ließ sich nicht unterkriegen. Der Herrgott, für den alles und jeder in seiner Schöpfung bedeutsam ist, nahm den Gedanken an.

Urlaub.

Seit Äonen kümmerte er sich mit innigster Liebe um seine Schöpfung. Und jetzt drohte ein solch unbedeutender, simpler, untertänigster, aber nicht zu vernachlässigender Gedanke einiges an Unordnung zu bringen.

Aber der Herrgott nahm den Gedanken ernst!

Urlaub!

Er versuchte, ihn zu durchdringen und bis zu Ende zu denken. Und da gab es vieles zu berücksichtigen.

Natürlich stand dem Herrgott Urlaub zu. Wenn nicht ihm, dem Schöpfer allen Lebens, wem dann überhaupt. Doch nicht die großen Gedanken, die grundsätzlichen Überlegungen bereiteten die Probleme. Wie meistens, wenn sich Gedanken einnisten, wie kleine Vögel sich im dichten Unterholz der Sträucher und im hohen Laubwerk der Bäume ihre Heimstätten mühsam aus Zweigen zusammenbauen, liegen die Schwierigkeiten im Detail.

Wann fahre ich in Urlaub? Wohin fahre ich im Urlaub? Was tue ich im Urlaub?

Der Herrgott kümmerte sich gewissenhaft wie stets um den ihm liebgewonnenen Gedanken. Er fertigte eine Prioritätenliste an, damit er eine Entscheidung treffen konnte. Zunächst die leichtesten Einzelheiten. Damit es vorangeht mit den Überlegungen. Und am Ende die umfassendsten und schwierigsten Fragestellungen des Gedankens. Wann? Der Zeitpunkt! Der Zeitpunkt ist eine wichtige Angelegenheit, wenn man in Urlaub fährt. Da hatte der Herrgott keine Eile. Ihm standen Unendlichkeiten zur Verfügung. Aber bei seinen Überlegungen im Detail grübelte er erstmals stark nach.

Ja, welche Jahreszeit würde er wählen. Der Gedanke war im Januar gekommen. Im Winter. Eine interessante Jahreszeit. Die Natur ruhte in sich. Sie schöpfte neue Kraft für das Wachstum. In manchen Jahren erstarrte die Natur unter Eis und Schnee. Kalte Winde pfiffen durch die leeren Äste der Bäume, die gelegentlich unter der Schneelast brachen. Bäche und Flüsse froren teilweise zu. Eiszapfen glitzerten im

Sonnenlicht. Bizarre Schneeformationen bildeten sich. Kinder bauten Schneemänner. Die Tage waren nur kurz erhellt. Ja, in der Ruhe liegt die Kraft, dachte der Herrgott. Der Winter ist eine gute Jahreszeit für einen erholsamen Urlaub, um Kraft zu schöpfen, wie die Natur.

Doch der Frühling hatte ebenso seine angenehmen Seiten. Vom Eise befreit, der Schnee geschmolzen, streckt sich die Natur den wärmenden Sonnenstrahlen entgegen. Die Aussaat für die neuen Früchte begann. Blumen, wie die leuchtend gelben Narzissen, Schneeglöckchen, Krokusse in zahllosen Farben leuchteten vergnügt. Die Bäume streckten sich geschmückt mit neuem Grün dem Himmel entgegen. Wohlige Wärme breitete sich aus. Alles strotzte vor Lebenswillen. Eine ebenso gute Jahreszeit, dachte der Herrgott.

Und dann war da ja noch der Sommer. Die gesamte Natur stand in voller Pracht. Hitze ließ das Leben ein wenig langsamer von statten gehen. Alles wuchs und grünte. Neues Leben überall. Starke Zeichen wie Hitzegewitter deuteten von der Kraft der Schöpfung. Ein wundervoller Zeitpunkt.

Aber die Überlegungen zum Zeitpunkt waren ja noch nicht abgeschlossen. Schließlich fehlte noch eine

Jahreszeit. Der Herbst. Erntezeit. Zeit, um Danke zu sagen. Zeit, das Gesäte in Empfang zu nehmen. Zeit, um zu spielen. Mit den Winden. Mit den Stürmen, die jetzt die Natur zerzausten. Sie vorbreiteten auf den nahenden Winterschlaf. Blätter von den Bäumen fegten. Blumen in die Erde trieben. Zum Stillstand und Nachdenken mahnte. Ja, Danke sagen ist eine gute Gelegenheit, um Urlaub zu machen. Inne zu halten.

Die Entscheidung war schwer, denn dem Herrgott waren die Jahreszeiten mit all ihren Schönheiten gut gelungen.

Er vertagte die erste Entscheidung und wandte sich dem zweiten Gedanken zu. Wohin sollte er fahren? Da gab es unendliche Möglichkeiten. Naheliegende und endlos entfernt liegende. Winzige oder umfassende. Sucht er ein Gestirn, einen Planeten, ein Universum, einen Kontinent, ein Land oder eine Stadt aus. Ein schwieriges Problem. Dafür gab es keinen Katalog. Seit Urzeiten war der Herrgott das Universum. Er war also schon da. Überall. Gleichzeitig. Immer. Ewig. Doch um eine Lösung zu finden, löste sich der Herrgott vom übergreifenden Gedanken und begann die Dinge wissenschaftlich fundiert und detailliert zu überlegen.

Es gab wundervolle Städte und Orte. Voller Leben. Voller faszinierender Gebäude. Tempel, Kirchen, Moscheen, Klöster, Schlösser, Wolkenkratzer, Hütten usw. Mit vielen grünen Parks durchzogen.

Es gab einsame Orte. Gebirge, unendlich hoch und schroff. Mit schneebedeckten Gipfeln. Wälder, weit und scheinbar undurchdringlich. Eine Lebenshauch spendende Lunge. Wüsten, trocken, bizarr, unfassbar schön. Meere, unerforschte Lebensräume bis weit entfernt vom Tageslicht. Es gab Kontinente. Afrika. Mit den wilden Tieren, den Wüsten, dem Urwald, dem kraftvollen Leben. Asien, die zarte Schönheit der Tropen. Amerika, unterteilt in zwei Subkontinente von unterschiedlicher Prägung. Australien, mystisch, endlos, trocken. Europa, enger Schmelztiegel mit liebreizenden Schönheiten der Natur.

Doch, war das nicht zu klein gedacht. Käme nicht ebenso ein anderer Planet wie die Erde in Betracht.

Selbstverständlich. Venus, Ausdruck für Liebe und Schönheit. Merkur, klein, aber fein. Mars, der rote Planet. Neptun, der Gigant. Saturn, mit seinen Ringen. Uranus, weit und riesig. Jupiter, mit den zahlreichen Monden. Pluto, ach so fern bist du, selbst wenn du kein Planet mehr sein sollst.

Oder die Sonne? Heißer Fixstern. Lebensspender. Fixpunkt, wie der Herrgott selbst.

Aber warum sollte der Herrgott sich auf ein Sonnensystem beschränken? Es gab so viele Sonnensysteme. Es gab so viele Universen. Unergründet. Unerforscht. Rätselhaft.

Tja, und erneut eine problematische Entscheidung. Die vertagt wurde. Denn die Schöpfung war großartig gelungen. Ein Besuch an nur einem Ort würde diesen hervorheben und alle anderen kränken. Dies hatten sie nicht verdient. Denn die Schöpfung in Gänze war großartig.

So verschob der Herrgott seine Entscheidung, wann und wohin er sich in seinem Urlaub wenden sollte und betrachtete den abschließenden und wichtigsten Teil des Gedankens.

Was sollte er im Urlaub tun und wer gibt auf die Schöpfung Acht? Dies gestaltete sich als die leichteste aller Überlegungen, die dann sehr rasch alle anderen Fragen beantwortete.

Im Urlaub unternimmt man für gewöhnlich die Dinge, die man im Alltag nicht macht. Das war nun schwierig und einfach zugleich. Da der Herrgott allmächtig, allwissend und allumfassend war, ist und bleibt, tut er immer alles. Und Nichts. Eigentlich konnte er im Urlaub nichts anderes tun, wie immer. Einfach er selbst sein. Er war, ist und bleibt die Schöpfung. Er könnte einen besonderen Sonntag auswählen. Seinen Tag. Er könnte diesen Tag besonders schön gestalten. Aber gibt es eine Steigerung der Schöpfung. Der Natur mit all ihren Gewalten. Mit all ihren Wundern. Der Kontinente, Planeten und Universen. Der Jahreszeiten.

Es gibt keine Steigerung.

Und wenn der Herrgott alles war, ist und bleibt - also Arbeit, Sonntag und Urlaub -, dann braucht er auch keinen besonderen Urlaub.

Und wenn dem so war, brauchte man auch keine Entscheidung zu treffen, wohin die Reise denn gehen sollte. Niemand wurde hervorgehoben. Niemand wurde gekränkt.

Und wenn dem so war, dann bedurfte es auch keiner Entscheidung, zu welcher Jahreszeit der Urlaub stattfinden sollte. Alle waren zu etwas nutze. Alles hatte seine Zeit. Zeit zum Wachsen, Zeit zum Leben, Zeit zum Innehalten, Zeit zur Ruhe.

Und wenn dem so war, dann war der Gedanke durchdacht. Der unscheinbare Gedanke, der sich so flüchtig angeschlichen hatte, war zu Ende gedacht.

Einfach so.

Und wenn dem so war, dann endeten die Überlegungen zum Tag, an dem der Herrgott Urlaub machte.

Doch enden sie wirklich?

Eines steht jedenfalls fest. Beim Durchdringen eines Gedanken kann es hilfreich sein, erst die einfachen Überlegungen zu betrachten. Man kommt voran. Man trifft allerdings selten den Kern des Gedankens. Es gehört Mut dazu, mit dem schwierigsten Teil zu beginnen. Doch ist dieser gelöst, lösen sich alle anderen Fragen kaskadenförmig auf.

Doch eins bleibt ... der Gedanke. Der unscheinbare und winzige Gedanke. Dieser Anreiz an das Gehirn. Dieser Anstoß, nachzudenken. Dieser mahnende Zeigefinger, zu überlegen, abzuwägen. Dieser Gedanke bleibt. Immer. Irgendwo verborgen. In den hintersten Windungen unseres Geistes. Von Zeit zu Zeit erinnert er uns, dass er noch da ist. Wie ein Terminkalender an die wesentlichen Aufgaben. Wie ein Wecker ans Aufstehen. Wie ein Gläubiger den Schuldner.

Er tut dies sanft. Aber hartnäckig. Vor dem Einschlafen. Beim Sport. Auf einer Parkbank. Immer wieder. Wann? Das lässt sich nicht genau feststellen. Wie lange? Bis er unser Tun bestimmt. Bis der Gedanke in die Tat umgesetzt wird. Bis er zur konkreten Handlung wird. Bis wir ihn erledigt haben. Bis er Erinnerung wird. Und langsam verblasst. Langsam. Ganz langsam. So wie ein Urlaubsfoto...

E N D E

Präsidentenpalast Abu Dhabi (VAE) - Jochen Nagel

Kuschelbär

Es war einmal, so fangen alle Märchen an und auch die vom Kuschelbär beginnt so.

Es war einmal ein Kuschelbär, so ein richtig schön knuddeliger, zotteliger, warmer, weicher und zärtlich brummender Kuschelbär, und eine Kuschelmaus, so eine richtig süße, kleine, warmherzige, kuschelige Kuschelmaus, die lebten zusammen in ihrem Haus am Waldrand, nicht weit von einem winzigen Dörfchen entfernt.

Es war ein herrliches Örtchen, so richtig ländlich-sittlich mit einem Bäcker, einem Fleischer, einem Einkaufslädchen, einer kleinen Schule, einer alles überragenden Kirche und, was nicht verschwiegen werden darf, zwei gemütlichen Gasthäusern.

Die Bauern bestellten das Feld, die Bürger gingen arbeiten, der Pfarrer feilte an seiner Predigt und ein jeder tat das, wonach ihm der Sinn stand oder das Schicksal ihn berufen hatte.

Ein idyllisches Fleckchen Erde!

Wo es liegt, wollten Sie wissen?

Das muss ich schon geheim halten, denn sonst kommen die Touristen und Häuslebauer und Straßenplaner und, ach, ich könnt noch viele aufzählen, die diese Schönheit Gottes Schöpfung zerstören, ohne es zu merken, und daher verrate ich nicht, wo es liegt, das liebliche Dörfchen.

Nein, denn wer weiß, was sonst mit unserem Kuschelbären und unserer Kuschelmaus geschieht. Wir vertreiben sie noch.

Aber ich habe sie gefunden.

Nicht weit von unserem Ort entfernt, vorbei an einer wundervollen Mariengrotte, welche die Bürger in viel Liebe, Schweiß und Arbeit gebaut haben, einen kleinen Hügel empor, dort stand das Haus von Kuschelbär und Kuschelmaus.

Es war ein toller Anblick, dieses Häuschen. Als erstes fiel dem Betrachter der Turm ins Auge. Ein kleiner, an der linken Seite des Gebäudes aufragender Turm, der ihm das Flair eines Schlosses verlieh.

Ein wenig verträumt und ein bisschen majestätisch. An ihm rankten sich Rosenbüsche empor, wodurch die Einigkeit mit der Natur symbolisiert wurde. Im Anschluss an den Turm zeigte sich das kleine, verschnörkelte Haus mit kaum zählbaren Winkeln,

Kemenaten, einem Balkon im ersten und obersten Stockwerk sowie herrlich verspielte Fenstern von seiner schönsten Seite.

Umsäumt war es von einer Veranda, sodass der Kuschelbär jederzeit in der Sonne sitzen konnte, wenn er dies mochte.

Die Hollywoodschaukel, die in die Natur eingepasste Einrichtung, denn nach der Veranda folgten Wiesen, Felder und Wälder, vervollständigten das Bild.

Wundervolle Schöpfung!

In jenem heimeligen Haus wohnten nun Kuschelmaus und Kuschelbär.

Aber nicht nur draußen, nein auch drinnen war es ein richtiges Wunderbarwohlfühlausruhkuschelhaus. Im Schlafzimmer stand ein rotes, weiches Knuddellotterbett, wo die beiden nach Herzenslust schmusen konnten.

Die knuddelige Küche lud stets mit den aufregendsten Düften zum Essen ein. In der Wohnstube knisterte ein wohliges Feuer im Kamin, vor dem ein wuschiges Fell lag.

Das Sofa von Kuschelmaus war herrlich kuschelig.

Schön groß und mit kleinen Teddys, Puppen und allerliebsten Tieren verziert.

Geschmackvoll!

All dies passte wundervoll zusammen. Kuschelmaus und Kuschelbär fühlten sich „sauwohl" und die Wohnung, das Haus sowie das Umfeld boten ja jeden Anlas zum Wohlfühlen.

Wozu also eine Geschichte, wenn alles so in Ordnung war?

Tja, eines Morgens geschah etwas, was nicht normal war.

Unser Kuschelbär hatte sich auf den Weg zum Bäcker gemacht, um frische knackige Frankenbrötchen zu holen. Das machte er immer, wenn sie frei hatten, denn dann konnte seine Kuschelmaus noch fünf Minuten länger schlafen, in aller Gemütsruhe aufstehen, die Morgentoilette machen sowie den Kaffeetisch decken.
Und dann war das gemeinsame Frühstück - besser Füüüüüühstück, wie die Kuschelmaus er nannte - angesagt.

Aber heute begann der Tag anders.

Komisch.

Auf dem Weg zum Brötchenbäckermeister kam Kuschelbär das komische Gefühl. Irgendetwas stimmte nicht.

Was war es nur?

Er fand keine Erklärung und ging weiter.

Beim Bäcker angekommen, gab es keine Brötchen mehr. So ein Ärger!

„Na, ja", dachte sich Kuschelbär, „Toastbrot tut's ja auch."

Verscheuchte seine schlechte Laune und schrieb die Gedanken an das Ungewöhnliche auf die Brötchen. Doch nur scheinbar war er beruhigt.

Sein Schritt heimwärts beschleunigte sich.

„Jetzt rasch zu meiner Kuschelmaus," sagte er zu sich und dachte kaum mehr an das Frühstück. Nach scheinbar endlosen Minuten kam er daheim an.

Schnauf!

Den Schlüssel schnell in die Tür.

Klirr, er fiel ihm herunter.

Beim zweiten Versuch klappte es besser.

„Hallo Kuschelmaus, ich bin's," rief er ihr entgegen.

Keine Antwort.

„Schläfst Du noch?"

Keine Antwort. Kein Schlummern aus dem Schlafzimmer.

„Bist Du im Bad?"

Stille.

Nun überkam ihn Panik.

Kuschelbär rannte ins Schlafzimmer.

Niemand da.

Hinüber ins Badezimmer.

Leer!

In die Küche - Verwaist! -

Ach, ja, das Wohnzimmer. - Keiner zu sehen -

Auch im Keller, auf dem Dachboden, dem Wäscheplatz fand er seine Kuschelmaus nicht. Er verstand die Welt nicht mehr.

Jedoch verstand Kuschelbär nun seine Unruhe auf dem Weg zum Bäcker.

Seine Kuschelmaus war weg!

Wie ein Keulenschlag traf ihn das.

Ruhe bewahren war angesagt.

Gestritten hatten sie sich nicht. Einkaufen wollte sie nicht. Die Freunde waren in Urlaub. Die Wohnung war in Ordnung und nicht durchwühlt.

Wo konnte sie stecken?

„Also Kuschelbär," sagte er zu sich, „jetzt such´ noch einmal unser Häuschen von oben bis unten ab.

Gesagt, getan!

Als erstes ging unser tragischer Held in das oberste Stockwerk, den Dachboden.

Hier standen jede Menge Schränke, Truhen und Kisten, mit Schuhen, Kleidern, Mänteln usw., usw. Jedes Möbelstück wurde geöffnet und fein säuberlich durchgewühlt. Schöne Sachen fand er dort, aber nicht seine Kuschelmaus.

Weiter ging's!

Ein Stock tiefer hieß das Schlafzimmer Kuschelbärs Ziel.

Bettdecken hochheben, Bettkasten aushebeln, Schrank öffnen, in den Wäschekorb hineinsehen, jeden Winkel ausspähen. Fehlanzeige.
Ab ins Bad. Duschvorhang beiseiteschieben, unter dem Waschbecken nachsehen - leer -!

Die Suche wurde hektisch. Erneut ging es eine Treppe hinunter. Wohnzimmer und Küche abklappern. Wieder hieß es Möbel rücken, Schränke öffnen und schließen, die Ecken auskundschaften, jedoch immer ohne Erfolg.

Letzte Hoffnung war der Keller.

Mit seiner großen Taschenlampe sauste Kuschelbär in den Keller.

Zwischen Kisten, Kästen, sperrigen Dingen - man musste wieder mal aufräumen - unter Regalen, Schränkchen, Waschmaschine, Wäschetrockner, im Heizungskeller, überall sah er nach.

Fehlanzeige.

Außer staubigen Finger und einigen Spinnen bekam er nichts zu sehen.

Kuschelbär allein Zuhaus!

Einen Augenblick dachte er an einen Film, den sie gemeinsam im Kino gesehen hatten. Ein Lächeln huschte für Sekunden über sein Gesicht.

Rasch holte die Wirklichkeit unseren Helden ein. Allein. Was war nur geschehen?

Schleppenden Schrittes stakste er die Treppe hinauf, schlurfte in die Küche, ging zum Kühlschrank und nahm wie in Trance sein Lieblingsgetränk heraus. Kuschelbär plumpste auf einen Stuhl, öffnete die Flasche, nahm einen großen, aber faden Schluck.

Wie überhaupt alles fad war, wenn Kuschelmaus nicht da war. Das kam ihm immer in den Sinn, wenn sie getrennt waren. Doch heute war es besonders schlimm.

Ein riesengroßer Seufzer kam über seine Kuschelbärenlippen, die sooooo gerne die ihren geküsst hatten.

„Was kann ich tun?" das war die Frage.

„Genau!" kam ihm im rechten Moment der Geistesblitz, „ich muss unsere Bekannten anrufen?"

Sogleich kehrte der Lebensmut zurück. Auf zum Telefon. Ohne zu zögern ging Kuschelbär ans Werk, nahm einen großen Zettel und schrieb alle Telefonnummern auf, die ihm einfielen. Die übrigen schaute er im Register nach.

Jetzt geht's los! Schon klapperte die Wählscheibe, knisterte es im Hörer und dann das - tuuut, tuuuut - Freizeichen. Keiner Daheim, Nächster Anruf. „Hallo, ja, hier Kuschelbär", ging es jedes Mal los. „Ja, mir geht's gut - Hab keine Zeit ist Kuschelmaus bei Dir? Nein. Okay. Danke Nein, es ist nichts. Nur der Kaffee wird kalt."

So liefen die Gespräche ab, doch nirgends eine Spur von seiner Kuschelmaus.

Der Zettel war bis auf eine Nummer abgehakt, vollgekritzelt und verschmiert. Letzter Versuch!

Kuschelfant (0126)1984.

Letzte Hoffnung. Der Hörer war schon heiß gelaufen.

„Hallo, hier Kuschelfant," meldete sich die wohltuende Stimme seines besten Freundes.

„Ach," entfuhr Kuschelbär ein mächtiger Seufzer, „Gott, sei Dank, dass ich Dich antreffe. Ich weiß mir keinen Rat mehr."
„Ja, was ist denn los. Du hörst dich ja furchtbar an."

„Das kannst Du wohl mit Recht behaupten. Weißt Du, als ich heute Morgen vom Bäcker nach Hause komme, ist die Kuschelmaus weg."

„Was," rief eine entsetzte Stimme am anderen Ende der Leitung.

„Ja, Du hast richtig gehört. Ich habe natürlich das ganze Haus auf den Kopf gestellt. Keine Spur. Danach hab ich alle Bekannten angerufen. Kein Erfolg. Was kann ich denn nun machen?" schluchzte Kuschelbär.

„Hm, das scheint mir echt schwierig," stimmte Kuschelfant ein, „wie sieht´s denn mit ihren Hobbys aus? Vielleicht kommen wir da weiter?"

„Tja, was macht sie gerne? Kataloge anschauen, Bestellungen aufgeben, entgegennehmen, Pakete packen, Post bekommen, Essen gehen, Kochen, Knuddeln, Kuscheln, Verreisen, schön anziehen, halt gut leben."

„Na, das ist doch schon was. Hast Du die Post angerufen?"

„Blöde Frage, natürlich. Da ist sie nicht. Muss ich denn jetzt die Polizei holen?"

„Nein, noch nicht. Hinter eurem Haus beginnt doch der Wald. Ich komm gleich zu Dir und wir suchen erst dort alles ab."

Die Zeit schien stehen zu bleiben bis Kuschelfant endlich - nach zehn Minuten - eintraf. Regenmantel, Gummistiefel und Taschenlampe, an alles schien er gedacht zu haben.

Stumm stapften die zwei los. Zunächst war der Wald noch licht, aber bald schlossen sich die Äste, Bäume und Büsche enger um die Wanderer.

Unheimlich.

Von Zeit zu Zeit leuchtete Kuschelfant ins Unterholz oder Kuschelbär rief lauthals den Namen seiner Liebsten!

„Kuschelmaus!"

Kuschelmaus - Kuschelmaus - Kuschelmaus - Kuschelmaus - hallte allein das Echo zurück.

Zwei Stunden waren sie schon so gewandert, hatten geschaut, geprüft, geschnüffelt und gerufen, als Kuschelfant plötzlich stehen blieb.

„Was ist denn?" fragte Kuschelbär von Schreck.

„Sieh mal. Ein abgebrochenes Zweiglein. Und da hinten im Dickicht sind noch mehr davon".

Hoffnungsschimmer und Panik zugleich stiegen in unseren Waldläufern auf.

Sie beschleunigten ihre Schritte ins Unterholz. Bald rannten sie dahin, ohne jedoch die Spuren aus den Augen zu verlieren.

Langsam wurde der Wald lichter, ja heller und freundlicher.

War da nicht eine Stimme?

Sie konnten sie nicht verstehen. War es einer oder zwei? Gut oder böse?

Vorsichtig schlichen sie an die Waldlichtung heran. Die Äste knackten und knirschten. Sie bemühten sich, keine Geräusche zu machen. Endlich hatten Kuschelbär und Kuschelfant den Saum des Waldes erreicht.

Zaghaft schauten sie hinter den Büschen hervor.

Was erwartete sie dort?

Nun hatten sie freie Sicht!

Und was sahen sie da?

Auf der freien Lichtung arbeitete die Kuschelmaus mitten in einer Brombeerhecke und pflückte frisches, köstliches Obst.

Kuschelbär stürzte sogleich aus seinem Versteck und rannte mit Freudentränen in den Augen auf seine Kuschelmaus zu.

Erschrocken - im ersten Moment - von den Geräuschen im Dickicht, hatte sich Kuschelmaus ganz nah an die Brombeerhecke gedrängt. Sie wollte nicht von dem unbekannten Beobachter überrascht werden.

Jetzt erkannte sie ihn aber und ein Lächeln sprang ihr ins liebliche Antlitz. Sofort stellte sie ihren zu dreiviertel gefüllten Eimer mit Brombeeren hin und rannte auf Kuschelbär zu.

In der Mitte der Lichtung fielen sie einander in die Arme.

„Was machst du denn hier?" platzten beide gedankengleich mit der gleichen Frage heraus.

Beide mussten lachen. Das tat gut.

„Ich suche dich schon die ganze Zeit. Du warst nicht daheim. Ich hatte unheimliche Angst um Dich".

„Ja, hast Du meinen Zettel denn nicht gefunden?"

„Welchen Zettel denn, bitte?"

„Ich hab, während du beim Bäcker warst, im Radio Kuschelrock gehört, dass es hier noch frische Brombeeren gibt. Und weil du soooo gerne Brombeergelee isst, dachte ich, hol ich welche. Da ich die erste sein wollte, hab ich bei der Kaffeekanne einen Zettel gelegt, wo ich bin. So war's."

„Ich habe keinen Zettel, dafür aber - dank Kuschelfants Hilfe - Dich gefunden und das ist viel wertvoller."

Rasch wurde zu dritt der Eimer gefüllt und frohen Mutes nach Hause marschiert.

Daheim angekommen wurde Kaffee gekocht, Brot getoastet, der Tisch gedeckt und ein zünftiges, urgemütliches Frühstück, oder ich sollte lieber Spätstück sagen, gemacht. Nach solch einem Abenteuer schmeckt's dann eben besonders gut.

„Also mein Liebling," unterbrach Kuschelbär die Stille und „das Schmatzen", beim nächsten Mal wartest du aber auf mich." Ein Augenzwinkern aus den verschmitzt lächelnden Augen war die Antwort.

„Aber die Sache war doch für etwas gut," sagte Kuschelbär weiter und holte tief Luft. „Ich hatte einen richtigen Augenöffner. Ich weiß jetzt, dass ich dich, meine liebste Kuschelmaus, nie verlieren möchte. Nun, ja, murmelte er weiter, „ich weiß gar nicht recht, wie ich's anfangen soll. So etwas hab ich noch nie formuliert. Weißt Du, mein Schatz, wir haben schon so viele unsagbar schöne Stunden miteinander verbracht und ich finde, wir sollten wieder einmal etwas Neues und Aufregendes und Einmaliges und Dauerhaftes und Langfristiges zugleich tun. Ach, ich sag's jetzt einfach geradeheraus: Willst Du meine Frau werden? Am 15. Mai (Freitag) hätte ich frei! So, nun ist's raus."

Kuschelmaus und Kuschelfant schmunzelten, ob der langen Rede.

E N D E

Wyk auf Föhr - Jochen Nagel

„Last Days Casanova"

Vorwort

Dies ist die Liebes- und Lebensgeschichte eines Casanova, der diesen Namen gar nicht verdient hat. Er ist ein so unglücklicher Mensch, also das Gegenteil des berühmten Casanova, jenes Frauen-Helds, der dachte, nie das Glück zu haben, eine Frau so glücklich zu machen, wie er es denkt, und den Himmel auf Erden zu erleben.

Nach dem Vorbild des James Dean in „Sie wissen nicht, was sie tun" habe ich einen neuen James Dean, den Jungen mit dem durchdringenden, traurigen Blick, geschaffen, der der Held oder die tragische Figur in diesem Stück sein wird. Ich werde keine Namen von noch lebenden Personen verwenden, aber sollte ich einmal die Gelegenheit bekommen, jenen Stoff zu verfilmen, bist du herzlich eingeladen, die weibliche Hauptrolle zu spielen.

Eine Vorgeschichte ist weiter nicht nötig. Wir befassen uns einzig und allein mit den letzten achtzig Tagen von Johnny, dem Last Days Casanova.

1

Unruhig wälzt sich Johnny in seinem Bett hin und her. Was war das für ein verrückter Traum. Er hatte ja schon viel Unsinn geträumt, so das er manchmal mit Angstschweiß auf der Stirn senkrecht im Bett saß und nicht wusste, ob es Realität oder Traum war. Aber heute war es etwas ganz besonderes. Keine Schule, keine Verfolgung, weder Mord noch Todschlag. Nein, es war nur ein Bild, welches sich in seinem Hirn fest-markierte. Ein Mädchen oder eine junge Frau. Das markante Gesicht fesselte ihn, aber er wusste nicht wer sie war. Dennoch brannte sich jenes Antlitz fest in seinem Gehirn ein. Er würde es wohl nie vergessen.

2

Der Wecker riss ihn unsanft aus dem Schlaf. Johnny musste zur Arbeit. Ein neuer Tag rief nach ihm. Lange Zeit dachte er über sein nächtliches Erlebnis nach. Das wäre schon eine ideale Frau. Zweimal hatte er bislang Pech gehabt. Fast wäre er verzweifelt oder hätte gar Schlimmeres getan.

Als wäre es gestern, sah er die Situation vor sich. Total betrunken saß er hinter dem Steuer seines neuen Wagen. Wild entschlossen gegen den nächst möglichen Baum oder Brückenpfeiler zu rasen. Der Atem ging schwer. Schon steckte der Schlüssel im Zündschloss. Doch irgendetwas in seinem Inneren kämpfte dagegen an. Eine verborgene Stimme sprach zu ihm - sehr leise - und eine eiskalte Hand hielt ihn fest. Johnny konnte sich nicht bewegen. Unfähig den Schlüssel zu bewegen und dem ganzen traurigen Spiel ein Ende zu bereiten, stieg er schließlich aus dem Wagen aus. Zutiefst enttäuscht und unzufrieden mit sich selbst schlich er geschlagen nach Hause. Schon bald hatte ihn der Alltagstrott wieder eingeholt.

Jeden Tag ging er seinem Job nach. Mal mit mehr, mal mit weniger Engagement. Das Leben plätscherte dahin wie ein Rinnsal, welches frisch aus dem Berg entsprang und zwangsläufig Richtung Tal floss, weil es nicht gegen die Schwerkraft ankämpfen konnte oder wie der Regen, der vom Himmel herabstürzte und die erhitzte Erde für einen kurzen Augenblick kühlte.

Genauso abgekühlt war die einst glühende Liebe zu den beiden Wesen, denen er alles schenken wollte, für die er sich voll und ganz hingegeben hätte. Doch scheinbar heilt die Zeit wirklich alle Wunden, wie es in einem Sprichwort heißt.

3

Viele Wochen später wurde Johnny zu seinem Abteilungsleiter gerufen. „Sie werden in den nächsten beiden Wochen an einer Fortbildung teilnehmen," eröffnete er ihm. „Wir hoffen, dass sie sich unseres Vertrauens für würdig erweisen," schob er fragend nach.

„Aber sicher," entgegnete Johnny, „sie können sich voll und ganz auf mich verlassen".

Endlich einmal eine Abwechslung. Er würde andere Menschen sehen, an kennenlernen dachte er gar nicht. Das fiel ihm viel zu schwer. Niemals hätte er sich getraut, jemand Fremdes anzusprechen. Viel zu schüchtern und unsicher war er sich seiner selbst. Sicher, er sah ganz gut aus und in seinem Beruf machte ihm niemand so schnell etwas vor. Alles war bislang immer glatt und einfach gegangen - zu einfach.

Dafür musste er nun seinen Tribut zahlen. Die Partnerin, die er sich an seiner Seite gewünscht hätte, gab es nicht. Geschwärmt hatte er für viele Mädchen und

Frauen. Verliebt war er allerdings erst zwei Mal richtig gewesen. Einst in der Großstadt, doch sie war verlobt und nicht frei und die Ausländerin, die jetzt über viele tausend Meilen getrennt von ihm lebte.

Naja, der Lehrgang würde seine Gedanken etwas ablenken, sinnierte er, während er den Wagen über den Highway zum Lehrgangsort lenkte. Die Sonne brannte heißer denn je zuvor. Das Gras verbrannte unter den glühenden Strahlen, welche vom wolkenlosen, leuchtend blauen Himmel herabstießen und Menschen, Vieh und Erde versengten. Es wäre eigentlich die Zeit zum Schwimmen, Sonnen und Faulenzen gewesen - Urlaubszeit - doch die Pflicht rief. Endlich war die Fahrt zu Ende.

Nass geschwitzt stieg Johnny aus seinem Wagen. Als erstes würde eine Dusche gut tun. In Gedanken an das kühle Nass schlenderte er zur Anmeldung, um Zimmernummer und Klassenraum in Erfahrung zu bringen. Klappernd und klimpernd spielte das Schlüsselbund eine unsinnige Melodie, als plötzlich - Johnny blieb stehen - er riss seine stahlblauen Augen weit auf und konnte gar nicht glauben, was er da sah - seine Traumfrau den Weg kreuzte.

Einen dicken Frosch musste er zunächst verschlucken, bevor er etwas sagen konnte, doch da war sie schon verschwunden. Sofort begann sein Gehirn zu rotieren. Wie war so etwas möglich? Alle Einzelheiten stimmten mit dem Traumbild überein. Phantastisch. Dieses Wesen sollte ihn nie mehr loslassen.

4

Doch ich will nicht vorgreifen. Eine Stunde später, er hoffte immer noch sie kennenzulernen, traf er sie in der Mitte der Lehrgangsteilnehmer wieder. Welch glückliche Fügung. Endlich einmal ein Lehrgang mit einem sehr erfreulichen, positiven Anklang. Die Abende wurden nun sehr lang. Johnny tanzte, obwohl er gar nicht tanzen konnte und ab und an wurde er von Mary, dem liebreizenden Wesen, in ein Gespräch verwickelt. Trotzdem war alles verkrampft. Zu sehr verband Johnny seinen Traum, seine wirkliche Persönlichkeit mit dem Gedanken an diese Frau. Er mochte sie, doch durfte und konnte er es ihr nicht sagen. Zu schwach und unentschlossen. So etwas Dummes.

Daher griff er jeden Abend ordentlich zur Flasche. Der Alkohol baute seine Schranke etwas ab. Eine innere Schranke, die er nicht zu öffnen vermochte. Wie eine alte verrostete Bahnschranke, die man jahrelang nicht geölt hatte und die sich nun keinen Zentimeter mehr bewegte.

Dennoch - irgendwo tief in seinem Innern war etwas in Bewegung geraten. Eine unheimliche Kraft war geboren. Wohin sie führen würde - niemand war in der Lage es im Augenblick vorher zu sagen.

5

Schließlich ging auch dieser Lehrgang zu Ende. Ein wenig erleichtert zog Johnny von dannen und konnte seine Arbeit wesentlich leichter fortsetzen. Zusätzlich erhielt er ständig neue Ideen. Gedichte, Geschichten und ganze Bücher entwickelte er in seine Kopf. Mary hatte seine Phantasie angeregt und das in einem Maß, wie er es bislang noch nicht gekannte hatte.

„Sehen sie, da hat das Seminar doch etwas genützt," lobte ihn sein Abteilungsleiter, „ich wusste, dass sie der richtige Mann sind. Mal sehen, ob wir in absehbarer Zukunft etwas für sie tun können."

Artig bedankte sich Johnny in der Hoffnung, auch an dem, im Oktober beginnenden Lehrgang teilnehmen zu dürfen. Daher versuchte er, seine Arbeit so gut wie möglich zu erledigen. Die Erinnerung an Mary erleichterte ihm dabei sein Vorhaben ungemein. Letzten Ausschlag für seine Teilnahme gab ein Vortrag, den Johnny in neuem Stil ausgearbeitet hatte.

Fast wäre sein Referat gescheitert, denn der Partner, den er benötigte, sagte kurzfristig ab. Wie eine gute Fee erschien Mary genau zum richtigen Zeitpunkt. Sie ergriff die Initiative und übernahm den Part an seiner Seite. Das Experiment gelang hundertprozentig. Begeistert wurde der Vortrag von den Zuhörerinnen und Zuhörern aufgenommen. Oh, für diese Tat hätte er Mary umarmen und küssen können. In Gedanken tat er es auch. Aber nur in Gedanken.

6

Johnny erhielt die Genehmigung, im Oktober an einem viermonatigen Seminar teilzunehmen. Als er die Teilnehmerliste durchsah, traute er seinen Augen kaum, denn auch Mary würde dort anwesend sein. Sogleich schlug sein Herz höher, der Puls raste. Er war in freudige Erregung versetzt. Das hätte er in seinen kühnsten Träumen nicht zu hoffen gewagt.

Die Zeiger der Uhren hätten jetzt schneller laufen können oder er hätte sie gerne weitergedreht, aber die Zeit gehorcht allein ihren eigenen Regeln. Niemand vermag, sie zu beeinflussen. Die Zeit. Jenes unfassbare und dennoch geniale Werk, dass uns vorantreibt, Hoffen, Bangen, ja Erstarren lässt und uns gleichzeitig durch die Finger rinnt, so wie der Sand in einer Eieruhr von oben durch den schmalen Engpass ins untere Teilstück fällt. Die Zeit. Sie ist es, die den Traum vom Träumer trennt.

Doch selbst die „langen" Wochen gingen vorüber. Neue Aufgaben wollten bewältigt werden und in der Nähe dieses bezaubernden Wesens würde dies ein Kinderspiel sein.

Aber noch lag ein Schatten über Johnny. Er brachte es nicht fertig, Mary einen Besuch abzustatten. Sein zweites „Ich" behielt noch die Oberhand. So ging er Abend für Abend in den nahe gelegenen Pub, um seinen Ärger über die eigene Unfähigkeit hinunterzuspülen. Mehr oder weniger betrunken, ein Lied auf den lallenden Lippen torkelte er dann immer wieder in Richtung Bett, um dort den Rausch auszuschlafen. Bedeckt wurde das mangelnde Selbstbewusstsein von einer merkwürdigen grünen Kappe, welche für kurze Zeit sein Markenzeichen wurde.

7

Nun könnte man in den Gedanken verfallen, dass die Story im Alkohol ertrinkt, wie unzählige Menschen in der Sintflut. Dem ist jedoch nicht so. Das Schicksal gab für kurze Zeit eine wunderbare Wandlung.

Es war ein kleines Gedicht, welches Johnny den Mut gab, seine Verehrte aufzusuchen. Der Bann war gebrochen. Johnny war zwar nicht in der Lage, viel zu sprechen, aber es half ihm ungemein in der Nähe dieses liebreizenden Wesens zu sein. Sie regte etwas in ihm an. Kreativität - ja, das war ein Kuss der Muse. Doch ebenso traf sie seine Gefühlsnerven, gleich einem Blitz im Gewitter, der von den elektrischen Hochspannungsleitungen angezogen wird, so, wie ein Magnet das Metall in seinen Bann zieht.

Nun, die Wende war vollbracht. Von nun an ging es bergauf mit Johnny. Trinken - das ließ schlagartig nach. Die Geschichten sprudelten nur so aus der Feder. Lebensfreude, ach was, Lebenslust hatte ihn gepackt und alle, ganz besonders aber Mary, sollten daran teilhaben.

Unterstützt, untermauert wurde diese Hochstimmung an Johnnys 23. Geburtstag. Am Abend vor dem

Festtag begab er sich mit Mary in ein Restaurant, um endlich einmal mit ihr allein zu sein. Es war zwar schön, dass er sie jeden Morgen vor dem Unterricht für kurze Augenblicke sprechen konnte (umsonst wartete er nie auf sie), doch hier waren immer so viele Menschen, die einen Anspruch auf Mary erhoben, sodass er in den seltensten Fällen Wünsche oder Träume loswerden konnte. Endlich war sie in seiner unmittelbaren Nähe. Zu zweit statt Allein. Johnny fühlte sich fantastisch. Noch hatte sie allerdings die Oberhand des Wortes, doch auch auf diesem Gebiet würde bald eine Wende eintreten.

Nach dem Essen traf man beide in der Diskothek „Vogue on Pressure". Wie erwähnt, mochte unser Casanova diese „Läden" bislang nicht besonders. Hier spürte er die unendliche Einsamkeit, wie die Weite der trockenen, staubigen, endlosen und heißen Wüste Sahara, die ihn bedrückt und so klein machte, dass er in einer Streichholzschachtel hätte verschwinden können ohne auch nur einer der Hölzer beiseiteschieben zu müssen.

An der Seite von Mary wuchs er jedoch. Die ganze stattliche Körpergröße kam zum Vorschein. Mit den wehenden, langen, blonden Haaren sowie den strahlend blauen Augen hätte er Siegfried mit Leichtigkeit

Konkurrenz machen können. Einem Tornado gleich raste die Zeit bis Mitternacht dahin.

Sein Ehrentag stand unmittelbar bevor und nur ein Wesen war in seiner Nähe - Mary. Die Beatles sangen Yesterday und Johnny hielt jenes einfühlsame Wesen in seinen Armen - oder war sie es, die ihn festhielt - ich weiß es nicht genau. Johnny schwebte auf den Wolken mit unendlicher Leichtigkeit und Beschwingtheit.

„Oh, könnte ich sie ewig festhalten," dachte er und seufzte im Innern.

Auch dieser Abend ging - natürlich viel zu schnell - zu Ende. Er meißelte sich in seinem Gehirn fest und ward nie mehr gestrichen.

8

Es folgten unendlich schöne Wochen, obwohl Johnny noch einmal versuchte sich loszureißen.

Auf einem der hier nicht gezählten Spaziergänge sagte er einmal zu Mary: „Ich darf mich nicht in dich verlieben. Du bist ja verheiratet."

Wie er diesen Satz ausgesprochen hatte, bereute er ihn schon, wie er das so oft tat. Aber Mary gab ihm später einmal zu verstehen, dass sie dieser Satz ungemein beruhigt hatte. Warum, davon will ich später berichten.

Der Versuch einer anderen, neuen Liebe scheiterte kläglich. Johnny hatte sich selbst belogen, denn er liebte Cathrin nicht wirklich. Der Dämpfer für ihn kam eines Nachts mit Macht, als er Cathrin noch einmal sehen wollte. Sie hatte einen „lieben Freund" im Schlepptau und nun sollte sich Johnny darum prügeln, um mit ihr schlafen zu dürfen. Das war nichts für den sensiblen jungen Mann. Enttäuscht und gedemütigt schlich er von dannen und wandte sich endlich dem Wesen zu, dass er wirklich liebte - Mary.

9

Neue Gedichte und Geschichten ließen ihn wieder wachsen. Und sie natürlich. Hier und dort erhielt er von ihr einen Tritt in seinen Allerwertesten. Zuerst verstand er jene Zeichen nicht. Dennoch war es sehr angenehm. Sie verbanden ihn enger mit Mary. Sein Leben erhielt einen sehr positiven Anklang. Öfter und öfter besuchte er Mary. Ja, er suchte die Umgebung dieses liebreizenden Menschen. Hier eröffnete sich eine Welt, die er noch nicht kannte. Eine Welt voller Optimismus und Zuversicht.

Sicher, er war kein Schwarzseher, aber die Erfahrungen mit den Damen hatten ihm sehr zugesetzt. Das Lachen, welches tief aus dem Innersten kommt und von vollster Zufriedenheit und Ausgeglichenheit zeugt, war ihm vergangen. Bei Mary wollte er es suchen und hoffte, es zu finden.

Die Besuche zogen sich manchmal bis zum frühen Morgen hin. Prickelnder Sekt durchfloss die Kehlen und erhitzte die Gemüter. Immer noch hatte Mary die Wortoberhand, doch Johnny holte auf. Ob es der Sekt oder das liebenswerte Wesen war, welches seine Zunge löste, wusste er nicht. Es war ihm auch egal. Er war nicht mehr allein und das war herrlich.

Eines Abends, die Sterne hatten den dunklen Himmel durch ihr wunderschönes Funkeln erhellt, geschah jedoch mehr als nur ein Gespräch. Johnny war schweigsamer als sonst und auch Mary, eingehüllt in die Pelzjacke, war nicht willens, viel zu erzählen.

Die Blicke trafen sich mehrmals. Sie sagten mehr als Worte. Die Augen als Spiegelbild der Seele verrieten beide.

Johnnys Hand wanderte durch den Ärmel und suchte ihre Hand. Zitternd fand er sie. Fest umschlossen hielten sie einander minutenlang. Die ganze Kraft vereinte sie nur für kurze Augenblicke. Ungesehene Blitze zuckten. Knisternde Spannung lag im von Dunkelheit umhüllten Raum. Ungesehen von der Welt. Allein mit sich und Gott schlugen die Herzen höher, ging der Atem schneller. Die Zeit stand still und düste dennoch dahin.

Welcher Zeitraum vergangen sein mochte, war nicht zu ermessen. Endlich suchten sich ihre Lippen und fanden einander. Johnny sank in Marys starke Arme. Sie beichtete ihm, dass sie sich in ihn verliebt hatte.

Glücklich und verzweifelt zugleich vernahm er's und war den Tränen nah. Endlich gab es jemand, der ihn mochte und gleichzeitig durfte es nicht sein. Welch ungerechtes Schicksal.

Marys Nähe richtete ihn wieder etwas auf. Das Bewusstsein, geliebt zu werden half ihm vorerst. Verbunden durch die Liebe und Chopin ließ er auch niemals seinen Hut bei Mary, denn wo sein Hut war, war sein zuhause, sondern folgte immer brav den Bitten und ging auf ihren Wunsch.

10

Viele Wochen vergingen ins Land. Johnny und Mary wurden oft zusammen gesehen. Marys Schatten, so nannte man Johnny bald, ging mit ihr in Discos, auf Feten und natürlich zu ihren internen Sektfeten.

Befreit von den Lasten ging die Arbeit und das Dichten gut von der Hand. Die Batterie, sein Akkumulator, sein Stromwerk - Mary - versorgte ihn mit neuen Ideen, Impulsen und mit Arbeitslust. Jene Angst, dass Johnny seine große Aufgabe, die Prüfung, nicht schaffen könnte, die von einigen Dummköpfen in die Welt gesetzt wurde, wies Johnny von sich.

Er war weit davon entfernt, seine Arbeit wegen Mary zu vernachlässigen. Im Gegenteil. Sie war es, die ihn immer wieder zur Arbeit anregte. Der Gedanke, Mary sehen zu können, mit ihr sprechen zu können, trieb Johnny zu neuen Taten an.

Dennoch musste er sich einen Vorwurf gestatten lassen. In all seiner Arbeitswut und Lebensfreude bemerkte er zu spät die inneren Auseinandersetzungen, die Mary mit sich selbst ausfocht. Entzweit, zwischen zwei Stühle gesetzt, rang Mary nach einer Lösung.

Darüber vergaß sie ihre Prüfung bzw. war nicht mehr in der Lage, etwas in den verwirrten Geist aufzunehmen. Spät, hoffentlich nicht zu spät, ließ sie sich von Johnny helfen und genauso spät bemerkte es unser Traumtänzer.

Vorher vergingen allerdings zwei außergewöhnliche Wochen, in denen Johnny für Mary kochte, den Aufwasch erledigte und sie versorgte, so dass ihre ganze Konzentration auf die Prüfung gelenkt werden konnte.

In diesem Sinne hatte er unzählige Arbeiten erledigt, die den Lernvorgang erleichtern sollten. Hoffentlich nützten sie etwas, denn Johnny hatte sie nur für Mary erstellt. Es war ihm ein Vergnügen gewesen, den gewaltigen Stoff auf ein erträgliches Maß zu begrenzen.

Endlich hatte das Leben einen Sinn - gab es etwas, für das es sich lohnte zu Arbeiten. Zu leben.

Dabei strebte Johnny nicht nach Belohnung oder Entlohnung. Allein die Anwesenheit der Angebeteten war ihm Vergütung, Geschenk, Reichtum genug und entschädigte selbst für die härteste Arbeit. Hier ein Kuss, da ein Kniff. Er fühlte ihre Zuneigung und versuchte, sie ihr zurückzugeben.

11

Unvergessen blieb für ihn der Vorabend des Silvestertages, als sie erneut jenes perlende Getränk vernichteten und Mary in seinen Armen einschlief.

Auf leisen Sohlen schlich unser Casanova davon. Jeder andere hätte die Situation möglicherweise ausgenutzt. Nicht so Johnny. Er liebte dieses Wesen. Es würde ihm das Herz brechen, wenn ihr jemand wehtun würde.

Vielleicht war er ja ein Dummkopf, dass er diese Lage nicht so schamlos ausnutzte, wie es heute Mode war. Überall bekam man es vorgeführt. In Kino, Fernsehen und von den Mitmenschen.

Doch sich selbst belügen und damit auch Mary - nein! Das konnte er nicht. Er ging, wie er immer gegangen war, sobald es ihr Wunsch war. Ihr Wunsch war ihm Befehl, wenn er ihn auch oft schwere Herzens ausführte. Auf jeden Fall behielt er sie und sich selbst so positiv in Erinnerung.

12

Bald hatte Mary jedoch der Stress eingeholt. Die Prüfung stand vor der Tür. Nervös und aufgelöst wie selten zuvor war seine Geliebte. Warum hörte sie auch nicht auf ihn? Immer hatte er versucht, ehrlich zu sein. Sie hatte ihn von der Qual erlöst, da er immer mit sich sein „Geheimnis" herumtrug. Allein sie wusste, dass er noch nie mit einer Frau geschlafen hatte. Warum glaubte sie allen möglichen Schwätzern, Parolen und sonstigen Hetzern, aber nicht ihm, der sich ihrer Stärken nun bewusst war?

Noch ließ sie sich nicht helfen. Erst als sie den Tränen nah war und um ihre Prüfung fürchtete, nahm sie sein Wissen in Anspruch. In der Hoffnung und dem Glauben, das nie etwas zu spät ist, nahm Johnny erneut die Arbeit auf. Ungezählte Stunden paukte man sich sinnlosen Stoff in das scheinbar leergefegte Hirn hinein. Allein die Aussicht auf einen guten Posten ließ Mary den Mut nicht verlieren.

Gezeichnet und manchmal ein wenig gequält, ob des geringen Glaubens an die eigene Stärke verließ er sie jeden Abend, um am nächsten Tag das Tagwerk neu zu vollbringen. Die Liebe vermochte ihn zu neuen

Taten anzutreiben. Sechs lange Tage reichten aus, um die letzten Zweifel auszuräumen.

Mary hatte die Prüfung geschafft.

Erst jetzt verstand er, warum sie nicht an ihn geglaubt hatte. Er selbst war ja ein solches zweifelndes Wesen. Nun, es war nicht der Lernstoff, welches ihm scheinbar unüberwindlich Hürden in den Weg stellte, sondern das weibliche Geschlecht, dass Mauern mit Stacheldraht und Selbstschussanlagen errichtete, die ihn abschreckte und in die Einsamkeit drängte. Er war nicht Siegfried, Dschingis Khan oder sonst ein Held - er war Johnny, der Junge mit dem traurigen Blick.

Nun offenbarten sich ihm all seine Schwächen durch die Schwächen von Mary. Er hatte vor einem Spiegel gestanden und sich selbst gesehen. Ganz allein er war es, den Mary ihm da gezeigt hatte.

Doch wie sollte er diesen Charakterzug ändern? Besonders, wenn Mary nicht mehr da sein würde! Noch war es nicht so weit. Wie Phileas Fogg, der mit seinem Diener in 80 Tagen um die Welt gereist war, wollte Johnny die 80 Tage ausnutzen, um einen Weg zu finden, der jetzt noch hinter dornenreichen Hecken, einer unüberwindbaren Mauer oder als geheimnisvoller „Sesam-öffne-dich" in einem Berge verborgen lag.

So geschah es, dass er am letzten Montag Mary beichtete, wie wunderschön, anregend, aufregend, erquickend - kurz gesagt, wie schön jene 80 Tage gewesen waren. Wange an Wange erzählte er von seinen Gedanken und Wünschen, vom Gelernten. Lange schon hatte er ein Gleichgewicht des Wortes erzwungen, wenn nicht ein Übergewicht erlangt. Mary löste seine Zunge und sein Verkrampfung. Johnnys Dank würde unermesslich sein. Bis zum „Rausschmiss" fühlte er sich unendlich geborgen.

Nicht weniger angenehm verlief der folgende Tag. Die Einzelheiten will ich dem geneigten Leser verschweigen. Eines brannte sich in Johnnys Gehirn fest. Eng umschlungen stand er mit Mary auf dem höchsten Dach eines Hochhauses. Schneetreiben umschloss die Verliebten und die dunkle Nacht legte ihre Schatten um beide und verschlug jedem Betrachter die Sicht.

Allein. Allein für wenige Momente, die unendlich lang und doch furchterregend kurz waren. Leidenschaftliche Küsse wechselten ihren Besitzer.

„Was habe ich verbrochen?" stammelte Mary.

Johnny verstand es nicht richtig.

„Ich möchte immer bei dir bleiben und darf es nicht. Was habe ich nur getan?"

Johnny wusste es nicht. Er konnte sie nur festhalten, an sich drücken, um ihr zu zeigen, dass er sie wirklich liebte.

Auch der Mittwoch brachte sie zusammen. Die Beteiligten wissen, was sich an jenem Nachmittag, wo der Tag in die Nacht überging, abgespielt hat.

Johnny freute sich nur noch auf den letzten Tag mit seiner Liebsten, obwohl ihn dasselbe gleichzeitig mit Schmerz und Trauer erfüllte. Dennoch wollte er sich zusammenreißen und mit Mary einen schönen Abend verbringen. Es kam jedoch anders, als er sich das gedacht hatte.

Alles verlief sehr harmonisch. In bester Kleidung und Laune holte er Mary ab und sie fuhren zur „Henkersmahlzeit". Die ganze Fahrt waren ihre Hände fest verbunden und ebenso ihre Gedanken (es wäre ideal). Doch Johnnys Freude währte nicht lange. Noch einmal durchlebte er an nur einem Abend alle Wellentäler und -höhen der Gefühle. Zurückgekehrt vom Essen fanden sich ehemalige Freunde von Mary ein, die sie vollends in Beschlag nahmen.

Bestürzt, enttäuscht und traurig fügte sich Johnny seinem Schicksal. Doch es tat ihm in der Seele weh. Gegen alle Vernunft rauchte er eine Zigarette nach der anderen. Warum konnte sie nicht noch an diesem einen Abend für mich allein da sein?

Bald schon besserte sich seine Gemütsfassung. Die Herren verschwanden wie auf Bestellung. Mary war noch einmal für ihn da. Nochmals lebte Johnny auf. Wie viele Stunden das andauerte, weiß ich nicht mehr genau, jedoch stürzte, nach dem alten Sprichwort „je höher man aufsteigt, desto tiefer ist der Fall" er alsbald in ein weiteres Tal.

Mary tanzte mit jemand anders. Das wäre ja noch zu ertragen, doch die Art und Weise konnte er nicht ertragen. Er liebte sie und dieser Typ nahm sie so in Beschlag. Vielleicht war es auch der Neid, dass er niemals diese Frechheit besaß, ein fremdes Mädchen so eng zu umarmen, auf jeden Fall riss es erneut eine Wunde in ihm auf.

Wutentbrannt, mit steinernem, nichtssagendem Gesichtsausdruck verschwand er aus dem „Vogue en Pressur". Die eiskalte, winterliche Nacht riss ihn aus der Lethargie und trieb verzweifelte Tränen in seine gequälten Augen, welche ansehen mussten, wie sie aus seinem Leben verschwand.

Zögernd, mit unsicheren Schritten lenkte er seinen Weg in Richtung ihres Zimmers. Er wollte sie wenigstens um Verzeihung bitten und vielleicht ihr Verständnis erreichen. Mehr konnte er nicht mehr tun.

Wieder quälte ihn die Zeit. Unsagbar lange dauerte es - scheinbar - bis sie in ihr Zimmer kam. Sie wollte ihn überreden, noch einmal in den Pub zu gehen, doch Johnny war die Lust am Feiern gänzlich vergangen. Dennoch wollte er ihr die Freude nicht nehmen.

„Geh du nur, ich mag nicht mehr. Ich warte in deinem Zimmer. Bitte verlang keine Erklärung."

Ihre Wege trennten sich für eine kurze Weile.

Endlich kam Mary zurück. Fast geräuschlos öffnete sich die Tür. Gespenstisch, unheimlich mutete jene Szene an und zeugte dann doch wieder von Wärme, aber auch Verzweiflung, welche die Liebe hier verbreitete. Johnny beichtete ein letztes Mal. Er versuchte Mary zu erklären, warum er so plötzlich verschwunden war. Sie nahm seine Entschuldigung an. Gott sei Dank. Ein solcher Felsbrocken fiel von seinen Schultern, dass man das Krachen hätte über viele Meilen hören können. Eng umschlungen lagen Johnny und Mary nebeneinander. Ihre Lippen suchten und fanden sich. Süß wie Zucker, berauschend wie Wein waren diese Küsse. Mary unterbrach als erstes das Schweigen, welches im Raum lag.

„Du musst nun gehen", deutete sie einen letzten Rausschmiss an.

„Ich verstehe es nicht," stammelte Johnny, „warum muss ich immer gehen. Ich hätte mir einmal gewünscht, dass du mich nicht wegschickst?"

„Es muss sein", erwiderte Mary, „ich möchte nämlich mit Dir schlafen, aber es geht nicht. Ich kann ein Versprechen nicht brechen."

Der kleine, schmucklose Ring an ihrer rechten Hand stand zwischen den beiden und verhinderte das „Kavaliersdelikt".

Johnny, der Last Days Casanova, ging ein letztes Mal.

„Nimm Dein Buch mit, ich mag es nicht mehr lesen. Vielleicht sehen wir uns nie mehr wieder."

Ein letztes Mal umarmte er Mary und verabschiedete sich mit allen guten, ehrlich gemeinten Wünschen für ihre Zukunft.

Nachwort

Mit einem dicken Kloß im Hals, einem Riss in der Seele, Tränen in den Augen und schweren Herzens schlich Johnny wie ein gedemütigter Hund nach

Hause. Dort rollten ihm die Krokodilstränen aus den Augen. Er schämte sich dieser Tränen nicht.

Warum musste er immer allein bleiben? Auf diese Frage fand er keine Antwort.

Von nun an klappte nichts mehr. Außer dieser kleinen Geschichte fiel ihm nichts mehr ein. Im Spiel gab es keine Gewinne. Sein Auto wurde fast kaputtgefahren und ihn selbst hätte beinahe ein Omnibus aufs Korn genommen.

Mary, der gut Part, fehlte ihm. Was sollte er tun?

Er würde sein Versprechen halten und sein Buch fertigstellen sowie mit einem Sportwagen an ihrer Dienststelle vorbeifahren. Auf dem Weg zur Dienststelle verunglückte der Wagen und ...

Tja, ab hier lasse ich deiner Idee den Vortritt. Du magst einsetzen, was du willst. Diese Geschichte ist deine Idee gewesen. Jede Ähnlichkeit mit noch lebenden Personen wäre absichtlich gewollt und damit zutreffend. Oder wie heißt es immer so schön ...

ENDE

Kapstadt (Südafrika) - Jochen Nagel

Leola, das Gänsehautmädchen

1

Es war einmal.

Es war einmal ein Mädchen mit dem wunderschönen Namen Leola. Sie lebte mit ihren Eltern und ihrer Großmutter in einem Land hoch im Norden. Endlose Wälder durchzogen mit glasklaren Flüssen und Seen, unterbrochen allein von wenigen Siedlungen waren die Heimat von Leola.

Früh am Morgen sah sie die Rehe, Elche, Hirsche und manchmal Rentiere auf die Lichtung unweit ihres Elternhauses treten, äsen und den neuen Tag begrüßen. Ganz selten störte ein Bär oder ein Wolf die heile Welt. Und dennoch. Auch diese Tiere gehörten zum Kreislauf des Lebens.

Vögel zwitscherten und sangen ihre Lieder. Bauern zogen auf die Felder. Fischer fuhren hinaus auf die Seen und der Förster kam von einer frühen Runde durch den Wald an den Frühstückstisch heim.

Idyllisch. Voller Schönheit. Voller Einfachheit. Natur, Tiere und Menschen stellten eine Einheit dar.

Die Jahreszeiten wechselten sich ab, wie es sich gehörte. Doch Leola liebte den Sommer. Hier konnte sie nach Herzenslust die Sonnenstrahlen genießen, ein luftiges Kleid tragen und sich stundenlang im Freien bewegen. Sei es im Wald, um Beeren zu suchen. Sei es im Garten, um Gemüse zu pflanzen oder zu pflegen, Unkraut zu jäten oder Blumen zu gießen. Sei es, um einfach die Tage voller Wärme und Licht auf sich einwirken zu lassen, dies alles in sich aufzusaugen und für die langen, kalten Wintertage zu speichern.

Sicher, auch Frühling, Herbst und Winter hatten ihre Vorzüge und Reize. Die Blütenpracht im Frühjahr, wenn alles zaghaft aus dem Winterschlaf erwachte. Pflanzen, Tiere und auch die Menschen nahmen eine Aufbruchstimmung wahr und auf. Hoffnung auf neues Leben keimte. Oder der Herbst mit seinen unzähligen Farben, wenn die Blätter sich verfärbten und dem Winter entgegenfieberten. Aufsteigende Nebel am Morgen, welche die Natur in sanfte Decken zu hüllen und vor der Kälte zu beschützen schien. Weintrauben und Obst, die jetzt geerntet wurden. Golden glänzten Wald und Feld. Und selbst der dunkle Winter hatte mit kurzen, kalten, aber sonnigen Tagen schöne Seiten. Der glitzernde Schnee, der andächtig auf die Erde herabrieselte und sie sanft bedeckte. Die klare, schneidende Luft. Das Weihnachtsfest mit all seinen Lichtern und der darin liegenden Hoffnung.

Ja, jede Jahreszeit war auf ihre Weise schön. Doch für Leola blieb der Sommer das Schönste. Besonders wegen der Wärme. Frühling, Herbst und Winter waren halt kälter. Nicht immer eisig. Aber kälter. Und dann bekam Leola eine Gänsehaut.

2

Einmal, Leola war damals gerade einmal zehn oder elf Jahre alt, fror sie wieder. Doch diesmal nicht draußen in der Natur oder daheim, nein, sie fror in der Schule. Sie konnte nicht recht warm werden, obwohl sie einen dicken Pulli aus Norwegen trug. Die waren echt warm und halfen ihr eigentlich immer. Heute nicht.

Leola rubbelte bereits kräftig ihre Arme und Beine, weil sie nicht wollte, dass die anderen Schülerinnen und Schüler ihre Gänsehaut sahen. Kinder konnten grausam sein.

Aber es war schon zu spät.

Lasse hatte es bemerkt. Noch sagte er nichts. Doch Leola fürchtete sich vor der Pause. Und zwar zu

Recht. Denn kaum betrat sie den Schulhof, um von der letzten Stunde Abstand zu gewinnen und ein Pausenbrot zu knabbern, da hallte das Geschrei schon los: „Gänsehautmädchen. Gänsehautmädchen. Leola ist ein Gänsehautmädchen."

Minutenlang ging das so. Und im Schulhof, der vom hohen Gebäude umschlossen war, hallte es besonders gut und laut. Bisweilen meinte man sogar, ein Echo hören zu wollen. Schach, aber es war da.

„Gänsehautmädchen. Leola. Gänsehautmädchen."

Das tat weh. Leola ärgerte sich. Gleichwohl hatte sie keine Angst. Sie würde Lasse eine Lektion erteilen. Zügig lief sie auf ihn zu. Allerdings war Lasse der allerschnellste Läufer in der Schule. Und so entwischte er. Nicht ohne andauernd zu rufen: „Gänsehautmädchen. Leola. Gänsehautmädchen."

Jetzt hatte sie ihren Spitznamen weg. Bei jeder Gelegenheit zogen ihre Mitschülerinnen und Mitschüler sie auf. Zuallererst natürlich der flinke Lasse.

Deshalb liebte sie den Sommer. Selbst ein kühlender Hauch konnte ihr in dieser Jahreszeit nichts anhaben. Ihre Arme blieben frei von Gänsehautpustelchen. Aber im Sommer waren eben auch Ferien. Blöd.

3

Leider geht jeder Sommer zu Ende und die viel längeren kühleren Jahreszeiten schlossen sich an. Ärgerlich.

Eines Abends im Spätsommer, die Sonne ging gerade unter, saß Leola auf der Bank vor dem Haus und grübelte. Wieder einmal fiel ihr die Geschichte mit Lasse ein.

„Es muss doch ein Mittel gegen meine Gänsehaut geben," sagte sie laut vor sich hin, „damit ich nicht immer so friere und alle es auch noch gleich sehen."

Dieser Gedanke setzte sich bei ihr fest. Und damit der feste Wille, etwas dagegen zu unternehmen.

4

Jahre später saß Leola wieder auf der Bank. Wieder war es Spätsommer. Wieder ging die Sonne unter. Und abermals grübelte sie tief in sich versunken vor sich hin. Versunken in diesen nicht enden wollenden Gedanken, eine Lösung gegen die Gänsehaut und damit ihren Spitznamen zu finden.

So tief, dass sie nicht einmal ihre Großmutter hörte, die ihre Hausarbeit beendet und sich neben Leola auf die Bank gesetzt hatte. Selbst das Klappern der Stricknadeln vernahm sie nicht.

„Na, mein Kind," sagte die Großmutter, „warum denkst du so intensiv nach? Ich sehe dich bereits eine ganze Weile grübelnd. Bedrückt dich etwas?"

„Ach, eigentlich nicht," flunkerte Leola und versuchte, das Gespräch abzuwehren.

Doch ihre Oma ließ nicht locker.

„Ich kenne dich doch. Dich beschäftigt irgendein Problem. Aber mehr kann ich deinen Augen auch nicht ablesen. Ich würde dir ja gerne helfen. Vielleicht hilft es dir, wenn ich einfach nur hier sitze und dir zuhöre. Manchmal tut das erzählen einfach schon gut. Also, was meinst du?"

Nun kehrte Leola aus den Tiefen ihrer Nachdenklichkeit ins richtige Leben zurück. Die lieben, verständnisvollen und herzensguten Worte ihrer Großmutter Astrid erreichten ihre Seele. So, wie es schon immer war. Bereits als kleines Kind, wenn alles versagt hatte, um sie zu trösten, vermochte ihre Großmutter sie zu erreichen.

Heute bewirkten sie sogar noch mehr. Die Worte drückten auf die Tränendrüse. Langsam, aber unaufhaltsam kullerten kleine Tränchen über Leolas Wangen.

„Na, meine Kleine, wer wird denn weinen. Ist es denn so schlimm?"

„Ja, Omi, es ist ganz furchtbar," schluchzte Leola, „nun bin ich schon so alt geworden und trotzdem für alle anderen nur das Gänsehautmädchen. Wo ich auch hinkomme, kennen alle diesen Namen."

Sie schnäuzte sich vernehmbar laut die Nase.

Die Sonne versank nun langsam hinter dem Horizont. Es wurde dunkel. Ihre Großmutter legte das Strickzeug weg, rückte ganz nah an ihre Lieblingsenkelin heran und nahm sie in den Arm.

Das tat gut!

5

„Ja, aber da kannst du doch etwas tun, meine liebe Leola. Es gibt so viele Möglichkeiten. Schau, ich stricke gerne und wenn du magst, bekommst du von mir warme Socken, mollige Pullis und was du alles möchtest."

Leola schluchzte. Sicher hatte Omi Astrid wie immer Recht.

„Ach Omi," fand sie ihre Sprache wieder, „ich habe mir schon so viele Ratschläge geholt und nichts, aber auch gar nichts hat geholfen."

„Was denn zum Beispiel?" fragte Astrid neugierig und erreichte damit, dass Leola ihr nun vollständig ihr Herz ausschüttete.

„Erst zog ich warme Sachen an, wie du es gesagt hast. Im Winter war das ja meistens in Ordnung. Doch im Frühjahr und im Herbst, wenn es mal warm und mal kalt ist, dann will ich nicht in dicken Sachen herumlaufen. Na, ja, und du weißt, was dann geschieht."

Ihre Großmutter nickte verständnisvoll und blickte wissbegierig über ihre Brille. Erzählen half doch immer.

„Aber das war nicht alles?" wollte Astrid wissen.

„Natürlich nicht. Danach bin ich zu einem Doktor in der Stadt ..."

„... in der Stadt," fuhr ihre Großmutter in die Parade.

„Es sollte doch niemand erfahren," gab Leola kleinlaut zu, „und der hat mir dann geraten, dass ich mich abhärten soll. Kneippbäder, warm und kalt duschen, am Fenster turnen, bei offenem Fenster schlafen und im Frühtau mit nackten Füßen durchs feuchte Gras laufen."

Astrid schüttelte ganz leicht und dabei schmunzelnd ihren Kopf. „Kinder sind schon lustig," dachte sie, sagte es aber selbstverständlich nicht.

„Und das hast du alles auf dich genommen?" brachte sie das Gespräch wieder ins Rollen.

Leola war nun so im Erzählrausch, dass sie das Kopfschütteln nicht einmal bemerkt hatte.

„Selbstverständlich," antwortete sie mit entrüsteter Stimme und im Brustton tiefster Überzeugung, „es hat mir sehr viel Spaß gemacht und seither war ich nicht ein einziges Mal krank. Um noch mehr zu tun, bin ich sogar in die Sauna gegangen."

Dann fiel kein Wort mehr. Herrliches Schweigen.

Die Sonne war nicht mehr zu sehen. Allein ein winziges Bisschen von Helligkeit leuchtete noch schwach am Horizont des Abendhimmels. Der Mond nistete sich ein und zwei Sterne konnte man bereits sehen.

Wenn man sich richtig Mühe gab, entdeckte man zudem die unendliche Anzahl am Firmament.

6

So vergingen einige Sekunden schweigend. Ganz leise fügte Leola dann an, dass ihr leider nichts geholfen habe.

„Meine Gänsehautpustelchen kamen immer wieder."

Jetzt saß ihr wieder dieser dicke Frosch im Hals.

„Da hattest du ganz schön viel Mut," brach Astrid ihr Schweigen, „ich weiß nicht, ob ich mich so etwas getraut hätte. Alleine in die große Stadt zu fahren. Ich finde das prima, was du auf dich genommen hast."

„Ehrlich?" fragte Leola erstaunt.

„Aber ja, das zeigt doch, dass du erwachsen bist und selbständig denkst. Auch, wenn zum Erwachsensein noch mehr gehört."

„Warum?"

„Leola, du musst noch lernen, deine Schwächen zu akzeptieren. Damit umgehen können. Dich so zu mögen und anzunehmen, wie du bist. Mit deiner

Gänsehaut. Sie gehört nun einmal zu dir. Auch das gehört zum Erwachsenwerden.“

Leola kicherte. „Na, da wirst du jetzt ganz schön was zu lachen haben.“

Astrid wurde noch neugieriger, freute sich aber erst einmal, dass ihre Enkelin vollends aufgetaut war, ihre Traurigkeit verlor und ihr Lächeln wiedergewann. Das war ihre Leola. Ihr Herz schlug bis zum Hals. Vor Freude.

„So, so, was hast du denn angestellt, dass mich zum Lachen bringen könnte? Ich finde es jetzt bereits spannend.“

„Weißt du, ich probierte nach dem Arzt noch tolle Dinge aus, die allerdings allesamt nicht halfen. Ich schlief mit zwei Bettdecken, mit zwei Nachthemden, ohne Nachthemd und vor dem Kamin. Nutzlos. Immer kehrte die Gänsehaut wieder. Und damit mein Spitzname. Schließlich fragte ich Linus, den Heilapostel. Er riet mir, bei einem Reisigfeuer Glühwein oder Grog zu trinken. Ich hab es versucht. Und ich kann dir sagen, es hat eklig geschmeckt. Ich musste mich furchtbar schütteln. Mir war ganz übel. Aber ich dachte, wenn es nicht schmeckt, hilft es vielleicht. Eine Medizin soll ja nicht gut schmecken, sondern helfen. Was soll ich dir sagen. Nichts war es. Darum bin ich noch einmal zu ihm gegangen, um ein besseres Rezept zu bekommen. Daraufhin empfahl mir der Heiler Schlehenfeuer, weil es angeblich bei Frauen günstiger wirkt."

„Und?" wollte Astrid wissen.

„Half mir ebenfalls nicht. Also unternahm ich einen dritten Versuch. Dazu hatte Linus einen grandiosen Vorschlag. In einer Vollmondnacht sollte ich mich auf eine Lichtung im Wald begeben, ein Feuer anzünden und das Gras anfeuchten. Wenn der Mond von einer Wolke verhüllt war, sollte ich ein Gebräu aus Brennnesseln, Paprika, Peperoni, Chilischoten und Wacholderbeeren trinken. Auf einem Bein."

Omi schmunzelte.

„Du brauchst gar nicht zu versuchen, dein Lachen zu unterdrücken. Ich habe es schon gesehen."

Jetzt prustete Astrid richtig los. Und nach einer kurzen Weile lachten beide aus vollem Herzen.

„Meine Gänsehaut ist ein ernstes Problem, aber solch einen Unsinn ließ ich dann doch sein. Es erschien mir einfach zu blöd. Na, ja, und so dachte ich halt immer wieder nach, las Zeitungen und Bücher, fand allerdings keine Lösung. So, wie heute. Deshalb sitze ich manchmal in Gedanken versunken und auch ein wenig traurig auf meinem Lieblingsplatz."

„Ich verstehe dich recht gut, mein Kind. Und ich möchte dir einen Rat geben. Doch erst gehen wir nach drinnen, denn es wird mir ein wenig kühl."

Es war nun vollständig dunkel geworden. Der Mond stand mit seinen Sternengeschwistern am Himmel und wachte über die Erde. Leola und ihre Großmutter nahmen ihre Sachen und gingen ins Haus. Dort war es wohlig warm, weil die treusorgende Großmutter in weiser Voraussicht den Kamin angezündet hatte. Es war herrlich.

Sie setzten sich an den Ofen und welch ein Wunder, es gab sogar heißen Kaffee. Das gefiel Leola. Und sie musste kaum mehr an ihre Gänsehautpustelchen denken. Hier war ja auch niemand, der sie mit Hohn und Spott bedachte. Hier war ihre liebende Großmutter. Ach, so müsste es immer sein.

7

„Jetzt machen wir es uns gemütlich," sagte Astrid, „und ich werde dir eine Geschichte erzählen."

„Ja, aber wolltest du mir nicht einen Rat geben," protestierte Leola.

„Natürlich, das will ich immer noch," lenkte die Großmutter beruhigend ein, „die Geschichte, die ich dir erzählen möchte, handelt von einem Mädchen, das ähnliche Probleme hatte, wie du, und daher ists nicht nur eine Geschichte, sondern gleichsam ein Ratschlag. Warte es nur ab."

„Nun gut," schmollte Leola, während Astrid zu berichten begann.

„Es war einmal ein junges Mädchen mit Namen Tatjana. Sie lebte in unserem Land an der Küste. Und sie liebte den Sommer. So wie du. Dennoch unterschied sie sich in zwei Punkten von dir. Die Winter machten ihr nichts aus. Ihre Eltern kamen aus Russland und von dort brachten sie die kleine Tatjana mit. Zuvor lebte sie dreieinhalb Jahre am Fuße des mächtigen Uralgebirges. Die Winter in Russland sind lang und streng. Bitterkalt. Aber auch schön und klar. Darum bekam die kleine Tatjana auch niemals eine Gänsehaut, selbst wenn sie im Frühling im noch kalten Meer badete. Im Gegenteil zu dir."

Leola nickte zustimmend.

„Aber wie es so ist, hasste sie den Sommer auch ein wenig, obwohl sie diese Jahreszeit im Grunde ihres Herzens liebte."

„Wieso das denn?" warf Leola ein.

„So sei doch nicht so ungeduldig. Du wirst es erfahren," entgegnete die Großmutter und fuhr mit der Geschichte fort.

„Die Sonne zauberte in jedem Jahr unzählige Sommersprossen auf ihr Gesicht. Zuerst machte es ihr nichts aus, denn Tatjana kannte es ja nicht anders. Doch in der Schule erging ihr es wie dir. Ein Schüler fand an den Sommersprossen etwas auszusetzen und hänselte sie. Bald schon stimmten andere mit ein in diesen Chor. Manchmal sogar Schüler, die noch viel mehr und viel größere Sommersprossen hatten. Oder eine krumme Nase. Oder ein schiefes Auge. Aber so war das nun einmal. Tatjana war traurig. Tieftraurig. Immer wieder weinte sie und mochte nicht mehr zur Schule gehen. Auch in der Sonne spielen wollte sie nicht mehr. Es war furchtbar, das eigentlich fröhliche Mädchen so bekümmert zu sehen. Oftmals tröstete ihre Mutter sie, manchmal ihre Großmutter, so wie ich dich heute in den Arm genommen habe."

Leola schluckte und nickte ganz leicht mit dem Kopf.

„Aber wie ging es dann weiter?"

„Bald reichte der mütterliche Trost nicht mehr. Tatjana wollte keine Sommersprossen mehr haben, denn sie wollte gerne lernen und zur Schule gehen. Doch nicht mit den Punkten im Gesicht. Also probierte sie alles nur erdenkliche aus. Sie trug einen großen Hut, der sie vor den Strahlen schützte. Sie trug eine Sonnenbrille. Sie versuchte Gesichtsmasken und Sonnenschutzcremes. Sie bedeckte sich mit Kräutern und noch viele andere Dinge mehr. Nichts half. Sobald der Sommer kam, kehrten die Sommersprossen zurück."

„Und wo ist nun dein Rat?" warf Leola ein.

„Noch einen Augenblick, meine Liebe. Tatjana wollte es damit nicht bewenden lassen. Also versuchte sie, genau wie du, verschiedene Ärzte, Heilpraktiker, Bader und natürlich die unterschiedlichsten Arzneien, Kräuter und Kuren. Masken aus Gemüse, Obst und Matsch. Mittel bei Neumond oder Vollmond. Nichts half. Schließlich blieb ihr nur noch eine einzige Hoffnung."

Astrid machte eine kleine Pause, um einen heißen Schluck Kaffee zu ihrem kalt gewordenen Getränk zu gießen. Die Wärme tat ihren Stimmbändern gut.

Doch ungeduldig und voller gespannter Erwartung drängte Leola auf die Fortsetzung der Geschichte. Denn jetzt schien es spannend zu werden. In der Ferne hörte sie Kirchturmuhr zehnmal schlagen, als ihre Großmutter mit der Erzählung fortfuhr.

8

„In den Ort, in dem Tatjana lebte, gab es eine sehr alte Frau. Niemand wusste genau, wie alt sie war. Doch alle glaubten, dass sie irgendwie schon immer dort gelebt hatte. Man munkelte von Hexenkräften, Magie und Zaubertränken. Man erzählte bizarre und gruselige Geschichten über sie. Aber im Grunde genommen wusste es keiner so genau."

Leola lauschte.

„Tatjana hatte eine gehörige Portion Angst vor der alten Phöbe, wie die vermeintliche Hexe hieß. Noch mehr litt sie allerdings unter den ständigen Nörgeleien, dem Quengeln und den Hänseleien ihre Mitschüler. Also überwand sie ihre Furcht und besuchte Phöbe. Es war dort genau so, wie Tatjana befürchtet hatte. Eine dunkles Haus mit winzigen Fenstern. Umgeben von übergroßen, schwarzen Tannen, die das Licht schluckten. Kaum Helligkeit im Inneren. Niedrige Decken. Über dem offenen Feuer kochte ein eiserner Topf ein eigenartiges Süppchen. Auf dem Sofa saß eine schwarze Katze und zu allem Überfluss krächzte ein kohlschwarzer Rabe im schummrigen Zwielicht."

Leola schauderte. Eine Gänsehaut deutete sich an.

„Phöbe saß tief gebückt auf einen Stab gestützt über einem sehr alten und sehr dicken Buch. Sie studierte die winzigen Buchstaben und unverständlichen Zeichen. Bestimmt Zaubersprüche und Hexenspuk, dachte Tatjana. Wenn es jedoch ihrer Sache dienen würde, so wollte sie dies alles über sich ergehen lassen. Schließlich bemerkte die alte Frau sie, hob bedächtig ihren Kopf von den Seiten und bat Tatjana mit krächzender Stimme zu sich."

Leola lauschte fasziniert. Ihre Gänsehaut verschwand.

„Zitternd folgte Tatjana ihrem Ruf. Die Blicke kreuzten sich und urplötzlich lag eine seltsame Spannung im Zimmer. Blitzschnell verschwanden Katze und Rabe, wie von Geisterstimmen befehligt. Nun wird sie mich bestimmt verhexen, überlegte Tatjana. Da brach Phöbe ihr Schweigen und deutete an, dass sie um ihre Sorgen wusste. Jedoch sei sie nicht die Zauberin, für die sie viele Menschen hielten oder wünschten. Sie sei nur eine alte, eine sehr alte Frau, die bewusster gelebt habe. Im Einklang mit der Natur und von der Natur. Im Einvernehmen mit den Tieren. Sie haben allen, auch den Menschen, die sie ablehnten, stets aufmerksam zugehört und ihr Wissen angesammelt. Sie sei eben anders als alle anderen."

Leola blickte fasziniert ihre Großmutter an.

„Phöbe reichte Tatjana eine Tasse Kaffee und die Angst verflog. Nun redeten sie mehr als vier Stunden miteinander. So, wie wir beide heute. Danach ging Tatjana. Irgendwie erlöst. Irgendwie erleichtert. Und irgendwie verzaubert."

Leola nickte.

„Beim Abschied gab ihr Phöbe noch einen Rat. Sie sollte im Mai in einer Vollmondnacht auf die Lichtung des einsamen Bären gehen. Dort werde zwischen ein und zwei Uhr eine sehr seltene herzförmige Knolle wachsen. Diese würde in jener Nacht für sieben Minuten blühen. In der letzten Minute solle sie die Knolle pflücken, vorsichtig nach Hause tragen, einen Aufguss davon brühen und schluckweise trinken. Wenn sie die Pflanze in der kommenden Nacht wieder einpflanzen würde, ginge ein Wunsch in Erfüllung. Die Verzauberung saß so tief, dass Tatjana jedes Wort in sich aufsog und fest entschlossen war, Phöbes Rat zu befolgen."

9

„Und wie ging es weiter?" drängte Leola ihre Großmutter.

„Natürlich folgte Tatjana dem Ratschlag und fand ihren Frieden und ihr Glück," beendete Astrid ihre Geschichte.

„Ja, aber was geschah? Hatte Tatjana keine Sommersprossen mehr? Fand sie die geheimnisvolle Knolle? Wie sieht sie aus?" sprudelte es aus Leola nur so heraus. Die Geschichte hatte sie in ihren Bann geschlagen, regelrecht gefesselt.

„Das, meine liebste Leola, kannst du nur für dich ganz allein herausfinden. Und jetzt bin ich doch ein wenig müde geworden. Gute Nacht, mein Liebling."

Sprachs und verschwand in ihr Schlafzimmer.

Leola blieb allein zurück. Beim Knacken der letzten Holzscheite grübelte sie intensiv über die Geschichte. Ob sie wohl wahr war? Oder ob ihre Großmutter sie nur trösten wollte? Egal, sie würde es einst im Mai versuchen. Doch vorher kam noch ein langer, kalter Winter. Mit vielen Gänsehauttagen. Mit diesem Gedanken kuschelte sich Leola in ihr warmes Bett und träumte sich in warme Gefilde.

10

Langsam vergingen die Monate.

Zu langsam, meinte das Gänsehautmädchen.

Doch endlich kam der Mai. Und mit ihm die Vollmondnacht.

Gegen elf Uhr abends, alle anderen schliefen bereits selig, schlich Leola aus dem Haus. Sie bemerkte dabei ihre Großmutter nicht, die leicht schmunzelnd am Fenster schaute.

Ein wenig fürchtete sie sich schon. Doch das musste sie in Kauf nehmen. Sie wollte endlich ihre Gänsehaut und damit ihren Spitznamen, der eigentlich ein Schimpfname war, loswerden. Festen Schrittes ging sie den Weg zum Wald entlang, durch die sanft im Wind wiegenden und in der Mai-Luft duftenden Wiesen. Am Waldrand stand ein Reh und beäugte kritisch aufmerksam den späten Wandersmann, pardon, Wandersfrau, stets bereit, die Flucht zu ergreifen. Das fahle Mondlicht erhellte die Szenerie und ließ teils interessante, teils beängstigende Schatten entstehen. In der Ferne nahm Leola die Schreie von Eulen wahr, die sich auf die Jagd machten.

Ihre Laute ließen Leola bisweilen zusammenfahren und eine Gänsehaut zum Vorschein kommen. Das bekräftigte sie in ihrer Absicht, die Lichtung zu erreichen und die Knolle zu finden.

Bald wanderte sie länger als eine Stunde. Die Lichtung lag nun in unmittelbarer Nähe. Leola verlangsamte ihren Schritt und schaute sich aufmerksam um. Plötzlich vernahm sie ein Rascheln und hielt inne.

Stille.

Leola ging weiter. Erneut ein Knirschen von Blättern und Ästen. Sollten die alten Geschichten von Geistern, Hexen und Gespenstern doch zutreffen?

Leola fröstelte. Aber nur ein wenig. Ihr Mut überwog nun.

Sie setzte ihren Weg zur Lichtung fort. Ständig begleitet vom Rauschen des Windes in den Wipfeln der Bäume, die sich Geschichten zu erzählen schienen, dem Schrei einer Eule und dem fernen Grunzen eines Ebers.

Die Gänsehaut ließ sie nicht mehr los.

Hoffentlich hatte die Großmutter ihr kein Ammenmärchen erzählt.

„Ich hoffe und wünsche mir so sehr, dass die seltsame Knolle dort wächst," sagte Leola zu sich und dabei fielen ihr noch einmal die verzweifelt verrückten Versuche ein, die Gänsehaut loszuwerden.

Sie lächelte.

11

Währenddessen erreichte sie die Lichtung des einsamen Bären.

Mächtige Bäume umrandeten sie. Büsche bildeten einen zauberhaften Abschluss. Hohe Gräser bogen sich im Lüftchen. In der Ferne plätscherte ein Bach oder eine Quelle, möglicherweise eine kleine Kaskade. Eichkätzchen huschten über die Lichtung. Im Mondlicht entdeckte Leola in der Mitte einen mächtigen Felsblock. Dort wollte sie warten.

Der Weg schien viel weiter, wie sie gedacht hatte. So gab es genügend Zeit, zum Nachdenken. Leola grübelte, warum die Lichtung so hieß, wie sie hieß. Ob der Name eine bestimmte Bedeutung hatte? Ob es hier Bären gab? Ob dieser heute Nacht kommen würde?

Unheimlich.

Aber am Felsblock, der selbst wie ein Bär aussah, ließ Leola sich erschöpft zu Boden sinken und wartete auf das Ende der ersten Stunde des neuen Tages. Und auf die Wunderknolle. Darüber vergaß sie alles Rascheln, den Bären, ihre Angst. Allein die Gänsehaut blieb ein stummer Zeuge, warum Leola heute hier war.

Viel zu langsam verstrich die Zeit. Zu allem Überfluss zogen am Horizont Wolken auf. „Bitte kein Gewitter. Bitte keine Dunkelheit," flehte Leola verzweifelt. Nicht noch ein Jahr des Wartens.

Endlich war es ein Uhr und der Vollmond noch in voller Pracht zu sehen. Leola machte sich sogleich auf, die herzförmige, leuchtende, blühende Knolle zu finden. Eifrig durchkämmte sie das Gras der Lichtung. Von Zeit zu Zeit wagte sie einen flüchtigen und besorgten Blick zum Himmel. Doch die Wolken entschieden sich, freundlich zu Leola zu sein.

Eine Stunde war kurz. Und sie verging im Fluge.

Noch hatte Leola kein Leuchten gesehen.

Nun rückten die Wolken doch gen Vollmond.

Die Uhrzeiger schritten unaufhaltsam voran.

Kein Leuchten.

Ein Rascheln.

Leola schenkte ihm keine Bedeutung. Sie musste die Knolle finden.

Entfernt zuckte ein Blitz. Donnergrollen.

Glühwürmchen tanzten.

Keine Pflanze. Keine Heilung.

Leola rannte hektisch auf der Lichtung hin und her.

Noch schien der Mond.

Wieder ein Blitz.

Nur noch zehn Minuten bis zwei Uhr.

Donner. Rascheln. Gänsehaut.

Das Gewitter näherte sich.

Eine erste Wolke streifte leicht den Mond.

Dann plötzlich. Da - am Felsen. Ein Leuchten. Das musste sie sein. Noch drei leuchtende und blühende Minuten. Leolas Herz jubilierte.

Gerade noch rechtzeitig hatte sie die Wunderknolle entdeckt. Leola lief auf den Felsen zu. Blitz und Donner umringten sie. Regen setzte ein.

Regen. Vollmond. Gänsehaut.

Noch zwei Minuten.

Zehn Meter. Vielleicht.

„Ich schaffe es," dachte Leola, „ich kann es tatsächlich schaffen." Glücklich strahlend griff ihre zarte Hand nach der blühenden Wurzel. Sie war nass und ein Unwetter tobte um sie herum. Anyway. Sie schien am Ziel zu sein.

Donner.

Blitz.

Rascheln.

Gänsehaut.

12

Plötzlich trat hinter dem Felsen ein riesiger Bär hervor. Er brüllte laut, so als wollte er sagen, dass dies seine Lichtung, sein Platz sei. Aufgerichtet maß er beinahe zweieinhalb Meter.

Leola schrie. Ihr Atem stockte. So nah. Eine Minute bis zwei Uhr. Seltsame Gedanken in der Gefahr.

Der Bär stand jetzt zwischen Leola und der Knolle. Kaum eine Chance, danach zu greifen. Ihre Beine waren wie gelähmt. Sie konnte nicht fliehen.

Der Bär fletschte die Zähne.

Das Unwetter tobte.

Nur noch wenige Sekunden blühte die herzförmige Knolle.

Da. Ein leises Zischen rauschte an Leolas Kopf vorbei.

Ein Pfeil traf den Bären mitten ins Herz und er fiel tot auf die verblühende Wunderknolle.

Der letzte Donner verstummte.

Die Kirchturmuhr schlug genau zweimal.

13

Ein trauriges Kapitel.

14

Astrid lag derweilen hellwach in ihrem Bett und dachte an ihre Enkelin. Ob Leola es wohl geschafft hatte?

Leola sackte augenblicklich zusammen und weinte bitterlich. Tränen der Enttäuschung und Tränen der Erlösung. Ihre Haut war übersäht mit Gänsehautpustelchen. Doch das interessierte sie nicht die Bohne.

Minuten später stand Thore vor ihr. Er hatte den Pfeil abgeschossen. Wie weiland Wilhelm Tell. Nur ein Schuss.

Vorsichtig kniete er sich zu Leola. „Geht es dir gut? Ist alles in Ordnung?"

Leola schrie auf. Ihr Schmerz saß tief.

Thore wusste zwar nicht, was sie zu dieser Zeit und bei diesem Wetter an diesem Ort machte, doch irgendwie verstand er ihre sorgenvolle Miene sofort. Er zog seine Jacke aus und legte sie um die zarten Schultern. Dann nahm er Leola in seine Arme.

„Wir können hier gerade kein Feuer machen. Es ist alles nass," sagte er um Verständnis werbend, „aber ich halte dich warm und bringe dich nach Hause."

Die Berührung seiner Hände brachte Leola ins Leben zurück. Der Blick seiner Augen ließ ihre Tränen verschwinden. Seine beruhigende Stimme erstickte ihre Angst.

„Wer bist du?"

„Ich bin Thore, Sohn des Jägers Geir," antwortete er, „aber du frierst ja."

Leola bemerkte ihre Gänsehaut und wollte weglaufen, weil sie wieder fürchtete, ihren Schimpfnamen zu hören. Sie schämte sich.

Doch Thore hielt sie fest, drückte sie an sich und siehe da, die Gänsehaut verschwand. Ein Pustelchen nach dem anderen.

Leola lächelte.

Thore brachte sie nach Hause, wo Astrid bereits ungeduldig auf ihre Enkelin wartete.

Er verabschiedete sich, versprach jedoch, wieder nach ihr zu fragen und zu sehen.

Vorerst hatten sich Astrid und Leola wahnsinnig viel zu erzählen.

15

Thore hielt sein Versprechen.

Es entwickelte sich eine große Liebe. Leola bekam zwar immer wieder einmal eine Gänsehaut. Doch dann kuschelte sie sich an ihren Thore und sie verschwanden im Nu. Wie einst im Mai. In der Vollmondnacht.

Oftmals dachten Leola und Astrid an diese nächtlichen Abenteuer zurück, lächelten und Leola verstand endlich ihre Großmutter und den Ratschlag. Sie musste auch ihre Schwächen annehmen. Sie, wie es Thore tat.

Und wenn sie nicht gestorben sind, dann kuscheln sie noch heute. Zu jeder Zeit. An jedem Ort. Denn Kuscheln mit seinem Liebsten ist doch die beste Medizin.

E N D E

Jordan (Israel) - Jochen Nagel

Ohnmächtig

Eine Ode an die Ohnmacht

Liebe Ohnmacht,

warum tust du mir das an? Unablässig verfolgst du mich. Konsequent. Machtvoll. Gierig. Magisch. Oh Ohnmacht!

Deine Macht hätte ich gerne. Bisweilen strebe ich so sehr nach dir, dass es mich krank macht. Du lähmst dann meine Gedanken, lenkst mich ab von guten Lösungen für meine Kolleginnen und Kollegen.

Warum nur? Warum strebe ich nach deiner Macht?

Sie ist konsequent. Sie ist bedingungslos. Sie ist kraftvoll. Sie ist zerstörerisch.

Wo nur? Wo ist dein Liebreiz geblieben? Deine Magie? Deine Leichtigkeit?

Leicht wie ein Schmetterling im Wind von Blüte zu Blüte schwebt, flogen mir (früher) die Lösungen für die mir überantworteten Menschen zu. Süß wie Nektar schmeckten die Gespräche vor, während und nach den Lösungen.

Dunkelheit umfängt mich. Angst breitet sich aus. Macht. Deine Macht. Ohnmacht.

Befreie mich. Vom Streben nach Macht. Sie führt zur Ohnmacht. Schenke mir Raum, Licht und Zeit.

Wie?

Du kannst es nicht?

Wer kann es dann?

Unglaublich. Magisch. Wahrhaftig. Ich befreie mich selbst!

Ohnmacht.

Nein, ich hasse dich nicht. Für Liebe wird es nimmermehr reichen. Und doch, so wie es ist, ist es gut.

Mein Weg geht mit dir. Nicht zu dir.

Befreiung.

Von unnützem Ballast.

Von hemmenden Ämtern.

Von Nebenkriegsschauplätzen.

Von Herzen. Mit Schmerzen. Ich bin frei.

Du hast keine Macht mehr. Nicht über mich.

Ich bin frei. Hab Dank.

E N D E

Masca (Teneriffa) - Jochen Nagel

Reinhilde, das Rhönschaf

1

„Oh, wie schön ist ...," dachte Reinhilde. Sie lag gemütlich, ein paar saftige Gräser kauend, auf Lenes Anger und blickte sinnierend über die Kirchturmspitze der Pfarrkirche Maria Himmelfahrt, die den vierzehn Nothelfern geweiht war, hinaus zu den weiten Fernen der Rhön. Im fahlen Licht grenzte sich zaghaft die Wasserkuppe vom Himmel ab und die Sternwarte glänzte weiß in den späten Sonnenstrahlen unterhalb der Wolken, aus denen ein sommerlicher Regen gefallen war. Am Horizont zeichnete sich ein Regenbogen ab, der sich schützend über die Kirche und den Monte Kali, eigentlich eine Kalisalz-Rückstandshalde, spannte.

„Dort, wo der Regenbogen endet, muss das schönste Fleckchen Erde sein, was man sich nur vorstellen kann," überlegte sich Reinhilde. Wo so viele bunte Farben schillern, warten gewiss Reichtum und Ruhm. Sie hatte schon von Legenden gehört, wonach am Fuße eines Regenbogens ein Topf voller Gold verborgen sein soll. In der Tat, dort muss zweifelsfrei der schönste Platz der Welt sein.

Ja, an den Fuß des Monte Kali, an dem sie den Beginn oder das Ende des Regenbogens vermutete, da wollte sie hin. Unbedingt. Aber wie sollte sie denn den Weg finden?

Langsam verblassten die Farben des Regenbogens. Allein am Monte Kali flackerten kaum erkennbar allerletzte Reste der Lichterbrücke. Die Nacht brach herein.

„Einen Regenbogen, der eine Viertelstunde steht, sieht man nicht mehr an." Voller aufwühlender Gedanken schlummerte Reinhilde in einen leichten Schlaf. Gerade noch rechtzeitig davor war ihr eingefallen, dass sie ja Kathrinchen fragen konnte. Die einzige Geiß, die fernsehen schaute, wüsste bestimmt über all diese geheimnisvollen Dinge Bescheid.

„So soll es sein," murmelte Reinhilde und schmatzte im Halbschlaf ein paar letzte Kräuter.

2

Reinhilde war ein Rhönschaf von besonders stolzer Prägung. Sie stammte in gerader Linie von den Tieren ab, die schon Napoleon auf seinem Weg zur Völkerschlacht nach Leipzig kennengelernt hatte. Für ein kurzes Frühstück nahm sich der Kaiser vor dem Haus des Johann Schaup in Neuhof Zeit. Auf dem Weg heimwärts nahm er einige Verwandte von Reinhilde mit, die sich fortan königliches Schaf oder Mouton de la reine nennen durften.

Auch wenn viele das Rhönschaf als landestypische Schafsrasse bezeichneten, ließ Reinhilde das nicht gelten. Sie schätzte ihren unbewollten schwarzen Kopf, ihre hohen Beine, die fehlenden Hörner und die grobe, wenig gekräuselte Wolle. Ihr starker Körperbau ließ sie gut mit dem manchmal rauen Mittelgebirgsklima zurechtkommen. Lustig fand sie die Aktennotiz in den Unterlagen des Hochstifts zu Fulda: „Das gewöhnliche Schaf des Rhönlandwirtes ist ein gemeines teutsches Schaf in einer eigentümlichen Art."

Ja, so war sie.

3

Ausgeschlafen und frohen Mutes trabte Reinhilde durch den Morgentau zu Kathrinchen, der Televisionsziege. Etwas verwirrten sie noch die Traumbilder vom Regenbogen, dunklen Stollen und einer Zwillingsschwester. Rhönhilde. Egal. Für sie stand fest: Am Fuße des Regenbogens wartete das schönste Fleckchen Erde und ein Topf voller Gold.

„Hallo Reinhilde," begrüßte Kathrinchen das Rhönschaf meckernd, „schon so früh unterwegs?"

„Ja," entgegnete Reinhilde, „ich muss zum Fuß des Regenbogens von gestern Abend. Da ist es bestimmt sehr schön ..." Den Topf voller Gold verschwieg sie lieber.

„Mäh," meckerte Kathrinchen, „ich kenne die Legenden. Aber noch niemand hat jemals Gold gefunden. Weißt du eigentlich, an welchen Endpunkt du willst? Es gibt bei einem Regenbogen ja schließlich zwei."

„Ich habe nur das eine Ende über dem Monte Kali gesehen. Leider war der Regenbogen unvollendet." Und dann erzählte Reinhilde von ihrer im Traum erschienenen Zwillingsschwester.

Verständnisvoll nickte Kathrinchen, wackelte mit ihrem Ziegenbart und fragte Reinhilde ernsthaft: „Willst du wahrlich ein solch großes Abenteuer wagen?"

Reinhilde dachte nach.

Die Minuten verstrichen ...

„Ja, ich will."

„Wenn du dir wirklich sicher bist, dann versuche dein Glück hinter dem Monte Kali. Dort habe ich gestern den Regenbogen ebenfalls gesehen. Aber achte auf die weit verzweigten Stollen. Ich habe schon erlebt, wie die unterirdischen Tunnel einstürzten und alles verschlangen. Mensch, Tier, Pflanzen. Gib also acht, denn du verlässt Rumundes."

„Was?" blökte Reinhilde dazwischen.

„Rumundes. Die Siedlung des Hruotmund, dem ruhmvollen Beschützer. Oder heute: Rommerz."

Reinhilde nickte mit leerem Blick.

"Also," fuhr Kathrinchen fort, „du trabst in Richtung Mariengrotte und wendest dich links nach Hauswurz, früher sagte man Huswartes, das bedeutet Siedlung des Huswart oder Hausschützer. Am Ortsausgang steht ein Bildstock. Dann führt dich der Weg in den Wildbann Zunderhart. In der Kemmete findest du frisches Wasser und in den Auen sattes Gras. So weit, so gut. Ich kann dir den Weg durch den Gieseler Buchwald nahe Monte Kali und hernach zum Regenbogen nicht ersparen. Gib Obacht auf die Jäger der Fuldaer Fürstäbte, die Füchse und die Gysihala."

„Auf wen?" fragte Reinhilde, der es jetzt doch langsam etwas mulmig wurde.

„Gysihala," antwortete Kathrinchen, „ich weiß auch nicht mehr. Mit ihr wird der Spruch 'Bann de schwoaze Bäär locke' verbunden. Ob das jetzt gut oder schlecht ist, weiß ich nicht. In jedem Fall führt dich dein Weg in das frühere Dekanat Großenlüder. Folge dem Himmelsberg."

4

Mit derart Wissen ausgestattet brummte Reinhilde der hornlose schwarze Schädel. Dennoch. Wo solche schillernden Farben funkeln, muss es schön sein. Da will ich hin.

So fasste sie neuen Mut und bemerkte, dass sie die Mariengrotte beinahe passiert hatte. Ehrfürchtig machte sie einen tiefen Knicks vor der Gottesmutter und das verlieh ihr neue Kräfte. Munter trabte sie gen

Hauswurz, fand den beschriebenen Bildstock und blickte, schon ein wenig sehnsüchtig, vom Thomberg auf Rommerz und den Monte Kali. Dass sie einmal so weit weg von ihrer Heimat sein würde, hätte sie kaum zu träumen gewagt.

Und jetzt schlenderte sie durchs Tal der Kemmete, stärkte sich mit frischem Gras und erquickendem Wasser und schlummerte auf fernen grünen Wiesen, bevor morgen der dunkle Forst auf sie wartete.

5

Zu allem Übel, so fern der Heimat war sie noch nicht gewesen, schaute sie in der Früh in einen düsteren, bewölkten Himmel.

„Wie soll ich mich nur orientieren?" zweifelte Reinhilde. Würde sie, wie so zahlreiche Auswanderer aus Rommerz nach Amerika, ihr Glück finden und dann nicht mehr zurückkehren. Oder würde sie verlorengehen? Der Forst flößte Reinhilde gehörigen Respekt ein.

Es hatte sich stets so fröhlich angehört, wenn die Menschen erzählten, sie gingen in den Wald oder in die Beer'. Aber nun wirkte alles düster. Zudem hatte

Kathrinchen vor den Jägern, Füchsen und ... wie hieß sie noch ... der Beerziß gewarnt. Egal, bange machen gilt nicht. Und wenn ein Berg schon Himmelsberg hieß, dann war das ein gutes Zeichen.

Festen Trittes marschierte Reinhilde durch den Wald. Immer schön westwärts, damit sie nicht in die unterirdischen Stollen des Monte Kali fiel. Mehr und mehr gefiel es ihr. Vögel sangen. Dunkle Beeren lockten. Blüten dufteten. Bäume raschelten. Zügig kam sie voran. Aber ebenso die Dämmerung. Oh, weh! Doch bevor die Angst sich ausbreiten konnte, blinkte es durch die Bäume. Ob hier das Gold war?

Nein, die Lichter der Hessenmühle nahe des Himmelsberges leuchteten. Ob ihrer übergroßen Vorsicht war Reinhilde zu weit nach Westen gekommen. Kein Regenbogen. Kein Gold. Aber möglicherweise eine wohlige Heimstatt für die Nacht.

Erschöpft schlief Reinhilde am Forellenteich ein. Traumlos.

6

Ein leises Blubbern weckte sie sehr früh. Was war denn das? Fische vermochte sie nicht zu entdecken. Unheimlich. Ob hier ein Vulkan arbeitete?

Endlich. Nach Minuten des Wartens tauchte eine fröhliche Forelle auf. „Hallo, du bist neu," plapperte Wilkin von Küchenmeister vor sich hin.

„Wer bist du? Wie heißt du? Ich bin Wilkin. Und ich trage einen großen Namen. Wie der frühere Petersberger Probst." Sprachs mit stolz geschwellter Forellenbrust und tauchte erst einmal ab.

„Du bist aber neugierig," verschaffte sich Reinhilde Luft und Zeit, „ich bin Reinhilde, ein Rhönschaf."

Nachdem sie sich Respekt verschafft hatten, plauderten sie eine Weile, bis die Sonne bereits hoch am Himmel schien. Reinhilde fühlte sich erholt und wollte weiterziehen, wusste allerdings nicht, in welche Richtung. Ob ein Fisch etwas vom Weg zum Regenbogen wusste? Na, ja, fragen kostet nichts.

„Kennst du den Weg zum Fuß des Regenbogens?" stellte sie mit größter Vorsicht und Zurückhaltung ihre wichtige Frage.

Laut prustend blubberte Wilkin ins Wasser. „Ich bin zwar ein Fisch. Aber deshalb nicht unwissend. Du suchst den Topf voller Gold."

Ungläubig und beschämt staunte Reinhilde.

„Meine entfernten Verwandten, die Karpfen, lebten über etliche Generationen im Neuhofer Schlossweiher. Sie besuchten gerne das Hochstift Fulda und bekamen einiges mit. Gut, es kam kaum einer zurück. Aber der legendäre Götz von Sassen schaffte es durch die Fulda irgendwie in einen der achtzehn Fischweiher von Neuhof zurück. Er berichtete von einer sagenumwobenen Quelle nahe der Wasserkuppe. Warte. Wie hieß der Fluss nur? Genau. Wie die Stadt. Fulda. So hieß er. Wenn es einen passenderen Ort für den Fuß des Regenbogens gibt, dann doch wohl dort."

„Und wie komme ich dort hin?"

„Folge der frühgeschichtlichen Antsauvia von Mainz nach Erfurt. Halte nach den Bildstöcken Sieberzheiligen und dem Eustachuiskreuz am Ingelberg Ausschau. Fürchte dich vor den geheimen Stollen."

„Ja, ja, ich weiß bereits davon. Kathrinchen berichtete darüber," blökte Reinhilde.

„Nein," belehrte sie Wilkin, „ich erzähle nicht vom Kalisalz, sondern vom Braunkohleabbau am

Himmelberg. Der wurde zwar eingestellt, weil die Kohle gut eintausend Jahre zu jung war, aber einzelne Stollen in der Gegend schlummern noch voller Gefahren. Ab und an wirst du auch den Abbau von Ton für das Töpferhandwerk entdecken. Doch das ist nicht gefährlich."

7

Mit einem warmen und herzlichen Dankeschön verabschiedete Reinhilde sich von Wilkin und lief, gut gelaunt bei sonnigem, aber nicht zu heißem Wetter via Himmelsberg und Schmittskuppe, wo sie zahlreiche Grabhügel entdeckte, Richtung Monte Kali und Giesel. Um sie herum wuchsen Heidelbeeren und schon bald hörte Reinhilde laute Stimmen.

Ob da die gefürchtete Gysihala darunter war? In jedem Fall war größte Vorsicht geboten, obwohl Reinhilde keine Porzellankiste dabei hatte. Langsam tastete sie sich voran. Der Buchenwald lichtete sich. Reinhilde erkannte einzelne Häuser.

War das noch Doeppegiesel oder bereits Istergiesel? Und wo versteckte sich Gysihala?

„Bange machen gilt nicht," dachte Reinhilde und stillte erst einmal ihren Durst im quirlig dahinfließenden Bach. Tat das gut.

Neugierig hüpfte eine Bachstelze am Ufer entlang und blickte das Rhönschaf an.

„Wer bist du denn?"

Diese Frage kannte Reinhilde zur Genüge und so erklärte sie dem unwissenden Vogel bereitwillig, wer sie war, woher sie kam, wohin sie wollte und welches ihre Ängste waren.

„Gysihala?" zwitscherte die Bachstelze, „du stehst doch mittendrin. Es bedeutet Gießbach oder Gebirgsbach. Gefährlich ist er allein dann, wenn es viel regnet. Dann rauschen seine Massen ins Tal und ins Dorf. Das richtet bisweilen große Schäden an. Tja, und die Beerziß. Das ist ein anderer Name für die Heidelbeerkönigin. Wir feiern in jedem Jahr das Patronatsfest des Heiligen Laurentius. Und weil dann die schwarzen Beeren reif sind, gibt es davon Kuchen. Mit Wettessen."

Beruhigt schnaufte Reinhilde durch.

„Da bin ich jetzt echt froh. Ich hatte mir schon so viel über mögliche Gefahren ausgedacht. Das gefällt mir wahrlich besser. Danke. Aber wie komme ich zum Fuß des Regenbogens? Dort soll der schönste Ort der Welt sein. Bei der Fuldaquelle."

„Ich kenne einen guten Freund," sagte Gasse, die Bachstelze, „der führt dich unter dem Monte Kali durch geheime Stollen an dein Ziel."

„Ist dein Freund, wie soll ich es sagen," grübelte Reinhilde nach den rechten Worten, „ist er verlässlich, vertrauenswürdig?"

„Zu 99 Prozent," platzte es ein wenig beleidigt aus der Bachstelze heraus, „bislang ist mir nicht bekannt, dass er vor dem Rügegericht oder Walpurgisgericht zu Giesel stand. Ebenso gibt es keine Meldungen über Gerichtsverfahren in Flieden, was Hals, Hand, Wunden oder Watschen betrifft. Schon gar nichts weiß man über Klagen über Schuld und Schäden, die an die Brücke (Gerichtsstätte) zu Neuhof zu richten gewesen wären. Ich würde sagen: zuverlässig."

Das Rhönschaf entspannte sich.

„Und was ist mit dem einen Prozent?"

„Na, ja, wenn Kumpel Pauli an den alten Verbindungsweg Leipzig, Fulda, Flieden, Kinzigtal, Frankfurt kommt, zieht es ihn gelegentlich in die alte Reichsstadt."

Für einen Augenblick dachte Reinhilde über ihre Alternativen nach, willigte dann aber ein, den kürzesten Weg zum schönsten Fleckchen Erde am Fuße des Regenbogens zu nehmen.

8

Vom sehr freundlichen Kumpel Pauli bekam Reinhilde einen blauen Helm mit Grubenlampe, denn es war bereits am Eingang zum Stollen ziemlich dunkel. Ein wenig mulmig war es dem Rhönschaf schon. Aber es half alles nichts. Sie musste jetzt ihre Ängste überwinden und im wahrsten Sinne des Wortes "da durch".

Reinhilde betrat die Unterwelt. Die Stimmen des Waldes verstummten und eine enge Röhre führte sanft, aber unaufhaltsam in die Tiefe.

Kumpel Pauli schwärmte vom unterirdischen Reich vor sich hin und schwadronierte: „Bereits 1899 gab es erstmals Salzbohrungen zwischen Neuhof und Giesel. Nur sieben Jahre später begann mit dem ersten Spatenstich der Bergbau. Kaum drei Jahre danach startete aus dem ersten Schacht die Förderung des weißen Goldes."

Gold? Hatte sie richtig verstanden? Das wollte Reinhilde dann doch genauer wissen. Endete hier vielleicht der Regenbogen? War sie auf dem richtigen Weg?

Huldvoll verwickelte sie Kumpel Pauli in ein abwechslungsreiches Gespräch. Dabei kamen sie gut voran. Hier und da knirschten die meterhohen Decken unter der Last des Berges gewaltig. Bisweilen rieselte Kalk auf ihren Helm. Weiß auf blau. Das sah gut aus. Entfernt rumorten Presslufthämmer der Kumpel und erschütterten den Boden. Reinhilde fürchtete sich, ließ sich jedoch nichts anmerken. Und ganz nebenbei erfuhr sie von der Schließung des Bergbaus durch den Versailler Vertrag und dem erneuten Betrieb nach der Rückgabe seitens der Alliierten.

Beinahe freudig erschienen ihr jetzt die Wege durch die immer breiter werdenden Tunnel, die ihr so gruselig und angsteinflößend geschildert worden waren. Das Salzlabyrinth.

Gerade wollte sie Kumpel Pauli fragen, wie weit es wohl noch sei, da war er plötzlich weg.

„Ich muss dringend mal nach Frankfurt," waren die letzten Worte, die Reinhilde hörte. Das berüchtigte Prozent.

Zu allem Übel fiel nun der Strom aus und es war augenblicklich stockfinster.

9

Trotz ihres dicken Fells fröstelte es Reinhilde. Was nun? Ruhe bewahren. Ruhig atmen. Nach Osten gehen. Aber wo war Osten?

Davor hatten sie also alle gewarnt. Allein unter Tage. Alles verstummte.

Behutsam schritt Reinhilde weiter. Urplötzlich stieß sie mit dem Kopf an.

„Autsch," schrie das Rhönschaf und dachte, „Gott, sei Dank trage ich diesen Helm."

Just in diesem Moment schaltete sich durch die Erschütterung die Grubenlampe an ihrem Helm an und sie konnte wenigstens sehen, wohin sie trat. Ein Fortschritt. Reinhilde folgte erst einmal dem breiten Stollen, in dem sie lief, bis sich dieser verzweigte.

Und nun?

Der rechte Weg blieb äußerst finster. Im linken Weg schien es, als ob am Ende ein heller Streifen wartete.

Ein Hoffnungsschimmer.

Das Rhönschaf trieb sich an.

Von oben tropfte hin und wieder Wasser auf ihren Helm.

Die Quelle?

Reinhilde lief schneller.

Das Licht wurde heller.

Reinhilde rannte.

Regenbogenfarben erstrahlten.

Reinhilde flitzte so flink, wie sie nur konnte.

Atemlos stand das Rhönschaf am Ausgang eines Stollens und blickte in ein grelles Licht. Es regnete leicht. Hinter ihrem Rücken spannte sich ein majestätischer Regenbogen vom Monte Kali bis zur Pfarrkirche Maria Himmelfahrt.

Die Fuldaquelle sah Reinhilde nicht. Enttäuscht und erschöpft haderte das Rhönschaf mit seinem Schicksal.

„Ich bin noch immer nicht am schönsten Fleckchen der Welt. Und nirgends ein Topf voller Gold. Aber, wo bin ich?"

10

„Du bist im Schloss Adolphseck, der Sommerresidenz der Fürstäbte des Hochstifts zu Fulda," antwortete eine irgendwie wohlvertraute Stimme.

Majestätisch erhob sich die Fasanerie am Ende der langen Allee, die zum Schloss führte, aus dem Wald und stellte sich so schützend vor den ausladenden Park, der zum Spazieren, Flanieren und Verweilen einlud. Zu jeder Jahreszeit. Blühten im Frühling einladend die Blumen und Ziersträucher, so spendeten im Sommer die mächtigen Bäume Schatten, raschelte im Herbst das fallende Laub unter den Füßen, so knirschte im Winter der Schnee in beruhigender Stille.

„Wo bin ich? Und wer bist du?" wollte eine völlig erschrockene, durcheinander wirkende Reinhilde wissen.

Was für ein Alptraum.

„Ich bin Rhönhilde," antwortete das Spiegelbild.

Für einen unendlich dauernden Moment starrten sich die beiden Rhönschafe, die sich wie ein Ei dem anderen glichen, stumm, neugierig und zugleich auch etwas konsterniert an.

Endlos schien die Zeit der Sprachlosigkeit.

„Ich suche den Fuß des Regenbogens nahe der Fuldaquelle. Dort soll das schönste Fleckchen der Welt sein," begann Reinhilde und brach das Schweigen.

„Ach, so," kommentierte Rhönhilde.

„Gar nicht, ach, so," äffte Reinhilde nach und erzählte sodann die ganze Geschichte.

Aufmerksam hörte Rhönhilde zu und deutete auf den Regenbogen über dem Monte Kali.

11

„Dann lass uns Los marschieren. Zu zweit finden wir den besten Platz und vielleicht den Topf voller Gold. Folgen wir den alten Postwegen von Thurn und Taxis."

Gesagt, getan.

Und so trotteten zwei Rhönschafe durch das Fliedetal. An die Bundesstraße 40, die Ortsumgehung und die Autobahn 66 dachten sie nicht. Schweigend erreichten sie Neuhof und staunten über das Wasserschloss am Zollweg, erste Zuflucht und Residenz des Fuldaer Fürstabtes sowie des Fuldaer Hofes in Kriegs- und

Pestzeiten. Sogar Alexander I. von Russland hat hier übernachtet. Unruhige Zeiten waren es damals, als Neuhof abwechselnd zum Prinz von Oranien, Frankreich, Preußen und Kurhessen (Hessen-Nassau) gehörte.

So ein langer Weg macht hungrig. Nahe dem Schützenhof rasteten die beiden Rhönschafe. Gestärkt trotteten sie weiter, immer dem Regenbogen hinterher. Rechts der Kaliberg. Bildstöcke unterwegs, wobei der am Fuchsberg fehlte. Das Schwesternhaus. Eine allerletzte Rast am Gasthof Imhof, bevor sie den Fuß des Regenbogens hinter der Pfarrkirche Maria Himmelfahrt entdeckten. Unweit davon berührte er den Boden.

12

Eilends schwangen die Rhönschafe ihre Hufe. In der Tat. Der Regenbogen berührte die Erde.

Auf Lenes Anger. Dem Hof von Angilbert.

Dem Weideplatz.

Reinhildes Weideplatz.

Reinhilde musste lachen und weinen. Der Anger war ihr Weideplatz. Abgemäht. Mit wenig Futter momentan. Gerade für zwei Rhönschafe. Aber nach der Überzeugung des Regenbogens der schönste Platz der Welt.

Auch wenn kein Topf voller Gold auf sie wartete.

So soll es sein.

Tage später erinnerten sich Reinhilde und Rhönhilde, die bislang unbekannten Zwillingsschwestern, an ihre gemeinsame Reise und sangen:

„Wir waren im Osten,

wir waren im Westen,

doch in der Heimat,

Da ists am besten."

E N D E

Rio de Janeiro (Brasilien) - Jochen Nagel

Zehn Kleinheimer mit Nilpferd

1

Es war wie an jedem Sonntag: Sie trafen sich. Am Vormittag. Besser gesagt, am späten Vormittag. Zum Brunch.

Zum Brunch? Was ist denn ein Brunch?

Immer wieder diese englischen Begriffe. Gibt es denn kein deutsches Wort dafür? Also, was ist ein Brunch. Das ist eine Mischung aus Breakfast und Lunch.

Ach, es ist noch immer nicht klar? Stimmt. Das war ja wieder englisch. Aber Brunch ist ein künstliches Wort aus den Teilen der beiden englischen Worte für Frühstück, nämlich Breakfast, und für Mittagessen, dem Lunch. Die ausländischen Worte hatten mithin auch Vorteile.

Welche?

Na, welches Wort hätte man denn bilden können aus den deutschen Mahlzeiten Frühstück und Mittag? Wie könnte man sie miteinander abgekürzt verbinden?

FRÜTTAG? MISTÜCK? MITTÜCK?

Tja, da war die englische Abkürzung, das Kunstwort, wirklich besser: Brunch! Und überhaupt, kam es denn tatsächlich auf die Herkunft des Wortes an? Ist nicht viel bedeutsamer, was sich dahinter verbirgt?

Ein Brunch, das war ein am späten Vormittag, sagen wir einmal so gegen elf Uhr beginnendes, sich lange hinziehendes, gemütliches Frühstück, das fließend in ein genüssliches Mittagessen übergeht. Manchmal endete es sogar erst mit einem ausgiebigen Kaffee- oder Teetrinken einschließlich dem obligatorischen Kuchen. Und das ohne ein neues Wort zu kreieren!

Die Palette von Leckereien ist bei so einer ausgedehnten Mahlzeit natürlich unglaublich vielseitig: Köstliches frisches Brot, knackige Brötchen, gerösteter Toast. Wurst, alle denkbaren Sorten, Käse in allen Varianten, Marmelade, Honig, Nutella - für die Seele. Rührei und Speck. Joghurt und Müsli. Quark und Früchte. Säfte, Tee, Kaffee, Milch. Ach, und erst die warmen und kalten Speisen zum Mittag: Suppen, Fisch, Fleisch, Salate, Gemüse, Kartoffeln, Reis. Alles, was den Gaumen erfreuen konnte.

Ja, so ein Brunch war eine geniale Erfindung.

2

Das fanden Leo, Edi, Willi, Pibo, Felix, Jana, Robert, Lotti, Anni, Susi und Theo ebenso. Deshalb trafen sie sich. Jeden Sonntag. Am Vormittag. Am späten Vormittag, so gegen elf Uhr, um genau zu sein. Sie trafen sich zum Brunch. Doch für sie war es kein normaler Brunch. Für sie musste es immer irgendeinen Wettbewerb geben.

Wer konnte am meisten essen?

Wer konnte am schnellsten essen?

Wer konnte essen, ohne zu kleckern?

Wer konnte am meisten trinken?

Wer konnte am schnellsten trinken ohne ein Bäuerchen zu machen?

Und so weiter, und so weiter. Aus nahezu allem und jedem machten sie einen Wettbewerb. Für sie war der Brunch das „Jedensonntagvormittagbrunchwettessen"!

3

Deshalb trafen sie sich. Jeden Sonntag. Am späten Vormittag. So gegen elf Uhr.

Zum Brunch. Immer. Und immer in ein und demselben Gasthaus. In der „Emsigen Biene".

Das Gasthaus „Zur emsigen Biene" machte seinem Namen alle Ehre. Idyllisch lag die uralte Mühle im Fachwerkstil an dem kleinen Bach Fließbergab, der wie zu allen Zeiten das mächtige Mühlrad kraftvoll antrieb und dafür sorgte, dass im Inneren vieles in Bewegung blieb. So zum Beispiel die Fontäne des Springbrunnens, die durch die Wasserkraft, übertragen durch das Mühlrad, immerwährend sprudelte.

Die umliegenden sattgrünen Wiesen, welche sich in sanften leichten Hügeln um die Mühle gliederten und der schattige Tannenhain sorgten ebenso für eine angenehme Wohlfühlatmosphäre.

Durch die winzigen Sprossenfenster drängte sich trotzig das Licht in die Mühle. Manchmal gebrochen in feinen Strahlen, manchmal durchflutend hell. Was dann noch an Helligkeit fehlte, wurde durch den Strom, der aus der Windkraft, übertragen von den vier starken Armen der Windmühlenräder erzeugt wurde, mittels

Leuchtstrahlern erhellt. Manchmal genügten jedoch auch die zwölf Kerzen, die in schmiedeeisernen Kerzenständern auf dem der schweren Holztische im Gästesaal standen, um für warmes, ausreichendes Licht zu sorgen.

Um die Tische, die für sechs, acht oder zwölf Personen ausreichten, je nachdem wie groß die Anzahl der Gäste waren, standen passende nicht umkippbare Holzbänke. Das ganze Ambiente lud geradezu zu einem üppigen Mahl ein.

Emsig, wie die Bienen, sorgten die geschäftigen und geschäftstüchtigen Wirtsleute immer für volle Gläser und eine reichlich beladene Tafel.

„Kommt gleich", das war keine leere Versprechung eines gemütlichen, aber nicht allzu geschäftstüchtigen und manchmal leicht vergesslichen Wirtes, sondern Losung und Ansporn zugleich. In diesem Wirtshaus bereitete es ein unglaubliches Vergnügen ein kleines, manchmal ein mittleres und gelegentlich sogar ein richtiges Vermögen auszugeben. Und bei allem Geld, das zu bezahlen war, das Essen mundete aufs vorzüglichste. Immer wie Zauberei. Angenehme Zauberei.

4

Und wegen dieser Zauberei und dem dicken Heinz, so hieß der Gastwirt, kamen die Freunde jeden Sonntag gerne hierher. Am Vormittag, ach ja, das hatten wir bereits. Dann nahmen sie an Ihrem Stammtisch, der für zwölf ausreichte, ein jeder seinen Stammplatz ein. Das war Tradition.

Ganz außen auf der nicht umkippbaren schweren Holzbank, die mit breiten Stahlschrauben im Fußboden verankert war, und die nicht an der Wand, sondern am dichtesten zur Festtafel, dem Buffet stand, da saß Leo.

Leo hatte einen Spitznamen. So wie alle elf Freunde einen hatten. Heinz hatte sie ihnen gegeben; einen nach dem anderen, wenn sie ... na, ja, es soll nicht vorweggenommen, sondern alles der Reihenfolge nach erzählt werden.

Leo wurde nur noch das Schmatzundvollmundschwätzernilpferd genannt. Er konnte auch eine gigantische Schippe Essen vertragen. Gerne stopfte er sich sein überdimensionales Maul mit den riesigen Mahlzähnen mit allerlei Leckereien voll.

Vor allen Dingen mit jeder Menge Salat und Gemüse. Am herzallerliebsten verdrückte Leo Spinat und oder Rosenkohl. Mit einem klitzekleinen Hauch von Knoblauch. Aber wirklich nur eine Andeutung von einem Hauch, denn er wollte ja nicht danach riechen. Dazu passten dann so achtzehn bis sechsundzwanzig Kartoffeln. Gekochte. Bratkartoffeln stießen ihm immer so auf. Selbstverständlich durfte jede Menge Sauce nicht fehlen und ein kräftiger Schluck aus seinem Vierliterglas mit Wasser. Anschließend schmatzte Leo was das Zeug hielt. Laut und unüberhörbar. Was ihn allerdings nie davon abhielt, dabei noch ein paar Geschichten aus der vergangenen Woche zu erzählen; gelegentlich schob er noch eine Avocado oder den einen oder anderen Liter Milch nach.

Manchmal verstanden ihn seine Freunde dann nicht mehr, weil es ab vier Kilo Maulinhalt halt undeutlich wurde. Aber das war egal. Es störte Leo nicht. Es störte sie nicht. Sie mochten Leo. So, wie er war. Eine gewichtige Persönlichkeit. Hätte Leo in der Mitte der Bank seinen Stammplatz ... aber nein, dann wäre es zu weit zu Essen fassen.

Nur Heinz den störte es. Grummel. Und so kam Leo zu seinem Spitznamen.

Jetzt könnte man ja zu dem Schluss kommen, dass Leo das Wettessen ständig gewann. Bei der großen Klappe. Bei seinem Appetit. Bei seinem eigenen Spezialriesennilpferdlöffel. Bei seinem extragroßen Teller. Auf den er nie Reis auffüllte, denn der blieb stets zwischen seinen Zähnen hängen. Unangenehm.

Gott sei Dank redete Leo gerne und viel und er hatte seine eigene Gewichtsklasse, in die die Wettessen unterteilt wurden. Körpergewicht im Verhältnis zum Gewicht der gegessenen Mahlzeit geteilt durch die Zahl der Gänge zum Buffet. Oder so ähnlich.

An diesem Sonntag breitete Leo seine Gewichtsklasse wieder so erheblich aus, dass sein Tischnachbar echt Probleme hatte, in Ruhe zu essen.

5

Edi, das Krümelerdmännchen war ein Leichtgewicht. Musste er auch sein. Damit er mit auf die Bank passte und diese nicht durchbrach.

Natürlich hatte Edi keinen Riesenteller. Da wäre ihm ja alles kalt geworden. Dafür sauste er mit seinem herbstblattbraunroten Tellerchen außerordentlich häufig zur Festtafel. Behände sprang er von der Bank, flitzte zum Buffet, richtete sich kerzengerade auf, überblickte rasch alle Speisen und füllte dann etwas auf.

Am liebsten frische, knackige Brötchen, fest und braun gerösteten Toast, manchmal Nüsse. Und immer beklagte er sich lauthals bei Heinz, dass es keinen Zwieback gab. Aber wenn, dann nahm Edi reichlich mit an den Tisch. Dann biss er herzhaft hinein und überall flogen die Krümel hin.

Auf seinen Teller, neben seinen Teller, unter seinen Teller. Auf den Tisch. Unter den Tisch. Auf die Bank. Und selbstverständlich hingen sie überall in seinem Fell. Wenn er dann wieder zum Buffet rannte, verteilte er sie in der ganzen Mühle.

Wo Edi saß, das erkannte jeder sofort. Wo Edi gelaufen war ebenso. Dort gab es eine Krümelspur. Und so hatte Heinz ihn bald das Krümelerdmännchen geheißen. Edi machte das nichts aus.

Im Gegenteil. Er holte sich nach Belieben frische Brötchen oder ganz kross gebackene Baguette: Manchmal, ja manchmal gönnte er sich sogar ein Croissant. Krümelte und bröselte das herrlich. Dazwischen naschte Edi noch das eine oder andere Löffelchen Cornflakes. Aber ohne Milch. Selbstverständlich. Denn dann krachten die gesunden Dinger. Das machte Spaß.

Nur auf seinem Platz. Auf seinem Platz, da sah es immer aus ...

Heinz würde wieder seinen Turbostaubsauger mit dem extragroßen Multistaubfänger und dem hyperdimensionalen Staubsaugerbeutel benötigen. Seine Stirn lag in ersten Falten.

6

Doch Edis Tischnachbarn machte das überhaupt nichts aus. Pibo war der dritte im Bunde auf dieser Seite des Tisches, jenseits der Wand. Pibo war der Klecker-Pavian. Er konnte fast ebenso kleckern, wie Edi krümeln.

Pibo war ein stattlicher Pavian. Maß beinahe einen Meter vom Boden bis zu den Schultern, die kräftig schienen unter seinem ganzen Fell. Wenn er seine Zähne fletschte, puh, dann konnte einem unheimlich werden.

Und wenn er dann noch lauthals schrie, annähernd wie das kurze Bellen eines großen Hundes ... dann beachtete und fürchtete man ihn. Manch' ein Besucher des Gasthauses meinte allerdings, Pibo wäre ein Dauerstammgast und hätte sich dabei seinen Po wund gesessen. Dumme, dumme Menschen. Da kannten sie Pibo aber schlecht, denn sein Hinterteil war von Natur aus rötlich.

Pibo stopfte alles in sich hinein, fast oft genug war er wählerisch und probierte von dieser oder jenen Speise. Betrachtete sie argwöhnisch mit seinen scharfen Pavianaugen. Begutachtete, schnupperte mit der feinen Paviannase, knabberte ein wenig daran. Und wenn es gut war, sicherte er es für seine Mahlzeit. Und wenn nicht, legte er es wieder zurück zu den anderen Speisen.

Pfui!

Aber die Meinung anderer Leute interessierte Pibo wenig. Da war er dreist, wie Paviane schon mal sind. Am Tisch stopfte und mampfte er danach alles in sich hinein. Schlabberte.

Serviette? Fehlanzeige.

Dann kleckerte Pibo. Dann kleckste er. Mal mehr, wie bei saftigen Gurken. Mal weniger, wie bei Bananen. Aber das störte ihn nicht. Er war ja ein Baboon, ein Pavian. Fertig. Der holte sich, was er brauchte und was gut für ihn war. Andere, außer seine Familie und seine Freunde, andere waren ihm egal. Stolz wie Pibo. Und stur. Eben ein Baboon!

Allerdings regte ihn eine Sache wirklich auf. Da stieß er gelegentlich zahlreiche sehr laute und damit unüberhörbare, dass sogar Leo nur noch schmatzte und nix mehr erzählte, Pavianschreie aus.

Die Sache war eigentlich gar keine Sache, sondern sein Tischnachbar Felix, der Hoppel-Zappel-Wackel-Zick-Zack-Hase.

Während Pibo in scheinbar unveränderbarer stoischer Ruhe sein Brunch genoss, es sei denn, er musste wieder einmal etwas zurücklegen oder einen von Edis Krümeln aus seinem Fell naschen, konnte Felix kaum einmal mehr als eine Minute still auf der Bank sitzen.

7

Sein Stammplatz auf der Bank war der, der am meisten abgewetzt war. Ständig hoppelte er zum Buffet auf der Suche nach Möhren oder Salat, insbesondere Eisbergsalat. Der war so schön knackig. Er knabberte ein wenig, scheinbar lustlos. Danach zappelte er wieder auf seiner Bank. Ohne Rast, ohne Ruh. Und schon hoppelte er wieder im Zick-Zack zwischen Tisch und Speisenangebot hin und her.

Das konnte Pibo, der direkt neben ihm saß, schon verrückt machen. Damit er es nicht wurde, gab es einen oder manchmal auch zwei Schreie. Entweder hörte Felix auf zu zappeln; oder es ging Pibo, dem Klecker-Pavian ohne Serviette, danach zumindest besser.

Hin und her hoppelte er, als wüsste Felix nicht was er wollte oder wohin er wollte. Dann und wann schlug er mit seinen schwarzen langen Läufen, die ganz am Ende einen weißen Tupfer hatten, einen Haken. Einmal nach links, einmal nach rechts. Dann wieder in die entgegengesetzte Richtung.

Oder er hoppelte geradeaus. Auf diese Art und Weise graste er das gesamte Buffet ganz gut ab. Nur essen, essen tat Felix, der Schwarzfellige, nicht viel. Ausnahmen gab es natürlich. Möhrensalat mit Ananas und Rosinen durchmischt.

Ein Festschmaus.

Das freute dann selbst Pibo, weil Felix gar nicht so schnell kauen konnte, wie er von seiner Lieblingsspeise futtern wollte.

Nur Heinz, den dicken gemütlichen Gastwirt machte das völlig nervös, denn Felix hoppelte, zappelte und wuselte dann noch viel mehr wie an den anderen Tagen. Und immer zwischen seinen Beinen hin und her; besonders wenn er ein volles Tablett mit Getränken durch sein Lokal jonglierte. Das war dem Wirt Lotti schon viel lieber.

8

Obwohl es ungewöhnlich war, dass Lotti neben Felix, dem Hoppel-Zappel-Hasen saß. Ungleicher konnten die beiden nicht sein. Felix, der zappelige unruhige Hase und Lotti, die Schlingwürgeschlange.

Eigentlich gehörte Felix ja mit zur Speisekarte von Lotti. Aber immer sonntags machte sie ihre ganz spezielle Hasendiät. Das fand Felix ziemlich nett und so verstanden die zwei sich so gut, dass sie sogar Tischnachbarn wurden.

Lotti hatte schon häufig das Jedensonntagbrunchwettessen gewonnen. Kein Wunder. Wenn sie besonders guter Laune war und einen exorbitanten Hunger mitbrachte, und heute war so ein Tag, dann lud sie sich ihren Spezial-Anakonda-Teller, der spiralförmig aufgebaut war, um möglichst viel aufzunehmen und eine Würgeschlangenhyperspezialschlingeklappe hatte, überdimensional voll. Am allerliebsten bereitete sich Lotti ihren Anakonda-Superburger.

Zuerst füllte sie ihren Teller bis zum Rand mit mehreren gestapelten Schichten übereinander. Acht, neun oder zehn. Je nach Appetit.

Lotti achtete dabei sehr genau auf die Zusammenstellung. Gemüse als Grundlage. Lachs immer als Zwischenschicht, weil sie ihn so selten bekam. Etwas Quark für die bessere Verdauung. Einige Eier, damit ihre Haut auch weiterhin schön blieb. Bananen für ihren Vitaminbedarf. Tja, und ansonsten variierte sie ihren Burger gelegentlich. Manchmal mit Kaninchen. Nicht sonntags. Aber immer, das war das absolute Muss, die Krönung, der Abschluss des Lotti Anakonda-Superburgers folgte obenauf eine schwarze kernlose Olive.

An den Tisch zurückgekehrt öffnete sie dann ganz langsam ihr Maul. Die Freunde am Tisch staunten jedes Mal aufs Neue, wie es Lotti schaffte, so viel, nämlich den Inhalt des gesamten Tellers, auf einmal in ihren Rachen zu schieben.

Das Ausdehnen des Kiefers dauerte noch seine Zeit, das Schlucken - nur noch Sekunden. Schwupps waren all' die Leckereien, die in mühevoller Kleinarbeit zu diesem speziellen Burger gestapelt worden waren, verschwunden.

Und dann konnten alle genau zusehen, wie Lotti gemächlich verdaute und der Burger sich in seinen Weg durch den Schlingwürgeschlangenkörper bahnte.

Gedanklich bereitete sich Lotti dann bereits auf ihren nächsten Teller vor. Wenn dann alle noch staunten und selbst Leo sprachlos war, kam die große, die ganz große Stunde von Theo.

9

Theo war ein Papagei. Er hatte den Fensterplatz vor Kopf. Theo war kein gewöhnlicher Papagei. Nein. Ein Ara. Darauf legte er besonderen Wert. Sein prächtiges Gefieder strahlte und leuchtete in zahlreichen Farben. Ganz besonders hell waren seine roten Federn.

Theo war schon mächtig alt. Und Theo konnte sprechen. Meistens konnte er seinen vorlauten, ebenfalls roten Schnabel nicht halten. Er erzählte beinahe ununterbrochen. Gefragt. Ungefragt. Gebeten. Ungebeten. Wenn niemand etwas erzählte. So wie gerade in dem Augenblick, wenn Lotti ihren Anakonda-Superburger verdaute. Aber ebenso, wenn jemand etwas erzählte.

Mit seiner lauten, krächzenden Stimme übertönte er alle.

Heinz hatte sich für die ganz besonders schlimmen Tage, wenn Theo der Immerdazwischenquatschpapagei wieder seine Seemannsgeschichten von den Piraten und den Schätzen der Südsee oder der Karibik zum Besten gab und dann alle zu übertönen versuchte, einen Spezialohrenstöpsel anfertigen lassen. Sie hielten Papageien-Entschuldigung, Aradauergequatsche ab und ließen Gästebestellungen durch. Eine tolle Erfindung.

10

Ja, Theo übertönte alle. Bis auf einen. Robert. Aber die meisten, vielleicht noch Leo, wenn sein Maul nicht wieder mehr als vier Kilo intus hatte, die meisten kamen kaum gegen Theo an, wenn er seine Portion Mais verdrückt hatte.

Gewonnen, gewonnen hatte er das Wettessen noch nie. Einmal ein dritter Platz. Wettplappern. Ja,

Wettplappern, da hätte Theo gute Chancen gehabt. Doch das stand nicht auf dem Plan. Und so hieß er nur: Theo, der Immerundewigdazwischenquatschpapagei, Verzeihung, Ara.

Ein liebevoller, aber ernst gemeinter Kosename.

Drohte er an einem Sonntag, nach elf Uhr, am späten Vormittag, wieder einmal unerträglich zu werden, und heute war solch ein Unaufhörlichkrächzquatschtag, stoppte ihn Robert.

Robert saß genau neben ihm. Der erste Platz auf der Bank an der Wand, an die er sich bequem anlehnen konnte.

Es war Robert anzusehen, wann er eingreifen würde. Das wusste Heinz genau. Das wussten alle am Tisch ganz genau. Das wussten alle im Gasthaus ganz genau. Auch Theo. Doch der war dann vertieft und verliebt in seine eigene Stimme und in seine eigenen Geschichten, dass er die Warnsignale übersah.

Zuerst, zuallererst, flackerten und funkelten die sonst meist traurig aussehenden Augen von Robert. Unruhig zuckten die Lider.

Quatsch, quatsch, Ara-Gequatsche.

Danach legte er seine bereits runzelige graue Stirn mit den winzigen Stoppelhaaren in noch tiefere, nachdenkliche Falten.

Bla, bla, bla ... immer weiter plapperte Theo. Sogar Leo mampfte schon nur noch ganz wenig.

Zu den zuckenden Augen und der krausen Stirn wedelte Robert alsbald ausladend mit seinen großen Ohren. Und diesmal nicht, um sich oder seinen Tischnachbarn frische Luft zuzufächeln.

Brabbel, brabbel, brabbel, Theo hielt seine Klappe einfach nicht. Auch Felix hoppelte oder zappelte nicht mehr!

Robert war genervt. Langsam, ganz langsam zog er seinen Rüssel aus seinem dreiundvierzig Liter Eimer voller Traubenschorle, prustete ein wenig, schnaubte ein wenig, rückte seine Stoßzähne, die jetzt noch weißer glänzten wie sonst, in die richtige Position, rollte seinen Rüssel fast wie den Buchstaben O zusammen und trompetete, was sein Rüssel hergab. Mann, das war laut.

Manchmal verspritzte er noch ein paar kostbare Tropfen Traubenschorle. Ärgerlich.

Augenblicklich verstummte das ganze Gasthaus.

Einschließlich Theo.

Der erntete bitterböse Blicke. Von Robert, der sich gestört fühlte in seinem Mahl. Von Heinz. Von den Tischnachbarn. Von allen im Gasthaus.

Dann holte er sich eine Schüssel Mais und knabberte still vor sich hin. Für die Maisschüsselzeitspanne. Und danach ...

Robert lehnte sich zufrieden an seine Wand zurück, ließ seinen Eimer nachfüllen und stopfte haufenweise, tonnenweise, ach scheinbar unendlich viel Grünzeug in sich hinein. Schlemm!

11

Langsam fing dann Leo wieder zu erzählen und zu schmatzen an. Langsam normalisierte sich alles. Edi krümelte. Pibo kletterte. Lotti stellte sich einen neuen Burger zusammen.

Nur Susi, die neben Robert ihren Platz hatte, Susi erschrak sich jedes Mal so heftig, dass sie einen Schluckauf bekam. Weil sie direkt neben dem Schlürf-Elefant saß, ja, Robert konnte furchtbar laut seinen Eimer leerschlürfen und manchmal machte er mit seinem Rüssel auch noch kleinere oder größere

Luftblasen in seinem Getränk, kriegte sie nicht immer mit, wenn ein extralauter Trompetenstoß fällig wurde.

Susi, die feine Antilope, die sich im Kreise ihrer Freunde so sicher fühlte, dass sie sich stets in ihr Essen vertiefte. Ihre wachsamen Ohren horchten zwar immer aufrecht in alle Richtungen nach Gefahr, doch hier gab es keine.

Und so naschte sie ein Salatblättchen nach dem anderen. Genüsslich kauend. Man konnte ihrem hellbraunen Oberfell, dass am Unterleib in weiß überging, ansehen, wie gut es ihr tat. Es glänzte. Auch schienen die kleinen Hörner ein wenig zu wachsen. Aber das schien nur so.

Bei Roberts Trompetenstoß jedoch kräuselte sich das Fell. Zuckten die Ohren nervös. Wanderten die Augen nervös umher. Und dann kam er, der Schluckauf.
Hicks - hicks - hicks.

Wurde es besonders schlimm, dann sprang Susi eigentümlich umher. Alle vier Läufe hoben sich gleichzeitig in die Höhe. Fast bis zur Decke.

Hicks - Hicks - Hicks.

Da staunte selbst Theo sprachlos. Und Leo riss sein Maul ungläubig auf.

Nur Susi fand das nicht lustig.

Heinz auch nicht. Der sorgte sich um seine Lampen, die nicht zu Bruch gehen sollten, wenn die Schluckauf-Antilope unkontrolliert sprang.

Anni lachte allerdings.

Allerdings nicht über Susi. Und ihre Sprünge.

Nein. Das wäre gemein gewesen.

12

Anni lachte ständig. Passend und unpassend. Eigentlich zu allem. Und jedem. Sie, die Kicher-Hyäne, hockte zwei Plätze neben Susi. Direkt daneben wäre nicht gegangen. Sie war, entgegen der am späten Sonntagvormittag zurückhaltenden Lotti, die immer so ab elf Uhr eine spezielle Hasendiät machte, keine Freundin von Diät.

Auch keine Antilopendiät.

Anni fraß alles. Fast wie Pibo, der Klecker-Pavian.

Erst einmal alles von ihrem Teller, den sie sich hoffnungslos volllud, ja, überlud.

Nebeneinander. Übereinander. Durcheinander.

Von allem etwas. Hauptsache insgesamt viel. Das war wichtig. Was drauf war; nur bedingt. Vielleicht, was besonders teuer war. Und faul. Und wenn dann ihr Teller leer war, dann flitzte Anni nicht zum Buffet.

Nein. Sie kicherte. Und hielt Ausschau. Ob einer ihrer Tischnachbarn etwas auf seinem Teller gelassen hatte. Wehe dem, wenn derjenige nicht schnell genug sein Essen sicherte. Außer bei Robert. Da traute sie sich nicht. Also sonst - Schwupps hatte Anni alles weggefuttert. Und kicherte. Schelmisch.

Heinz, und das war einmal etwas Neues, war das sogar ganz recht so. Es blieben keine Reste. Außer um die Teller von Edi, dem Krümelerdmännchen und Pibo, dem Klecker-Pavian. Die von Anni abgeschleckten Teller brauchte er fast nicht zu spülen. Fast. Deshalb hatte Anni einen langen Spitznamen: Niewasaufihremundandererleutelasskicherhyäne.

Lang. Richtig lang war dieser Spitzname.

13

Ein trauriges Kapitel.

14

Zwischen Anni, die ja keine besondere Diät einlegen wollte und sei es am Sonntag, am späten Vormittag, so gegen elf Uhr, und Susi, der Schluckauf-Antilope, saß Jana.

Jana, ein kleiner Braunbär, aber nicht zu klein, um nicht Anni und Susi voneinander zu trennen, mochte ein Essen der besonderen Art. Für einen knuffigen Braunbären mit schon recht großen Pranken, klar, da gehörte Lachs unbedingt dazu. Da gab es gelegentlich heftigen Streit mit Lotti.

Aber das besondere Menu waren alle Dinge, die man miteinander vermengen, vermatschen, verknätschen konnte. Kartoffeln zum Beispiel. Mit unglaublich viel Sauce. Kartoffelpüree selbst zu machen war Janas Hobby. Kartoffeln in einer Suppe. Die knätschte Jana so lange, bis es einen dicken Brei ergab.

Es kam vor, dass dabei gekleckert wurde, wenn Jana wieder einmal zu viel Sauce und zu wenig Kartoffeln oder Gemüse genommen hatte. Das gab Spritzer. Die reichten bis hin zu Pibo, dem Klecker-Pavian, der genau vis-a-vis saß und neidisch guckte.

Leo, ja, Leo schaute Jana aufmerksam und gerne zu. Da konnte er noch etwas lernen. Dann und wann quatschte er die eine oder andere undeutliche Frage, wegen der vier Kilo im Maul, aber das Knätscherbärchen brummte leise und zufrieden vor sich hin, bis das Essen wieder ein wundervoller matschiger, knatschiger Brei war.

Und bei dem unwahrscheinlichen Fall, dass doch noch Sauce übrigblieb - dann kicherte Anni schon - und schleckte als wohlbekannte Niewasaufihremundandererleutetellerlasskicherhyäne sämtliche Reste auf.

15

Die Tischrunde komplettierte Willi. Er hatte den Platz genau gegenüber von Leo, neben Anni. Willi wollte gerne in der Nähe der Tür sitzen, damit er, falls es notwendig wurde, schnell aus der Gaststube flitzen konnte.

Das kam häufiger vor. Willi bevorzugte es, das Buffet richtig zu durchwühlen, darin zu graben. Mit seiner teils rosigen, teils grauen Schnauze, die wie eine Steckdose aussah und wie eine kleine Schaufel funktionierte, grub er sich förmlich durch sämtliche

Speisen. Grunzte genüsslich, wenn er wieder etwas nach seinem Geschmack gefunden hatte.

Oder verächtlich, wenn sein doch feiner Gaumen, Willi liebte Trüffel, nicht auf Anhieb einen passenden schmackhaften Happen fand. Manchmal benutzte Willi sogar ein Besteck, das er dann vollständig abschleckte; auch das Messer.

Willi lehnte, so wie Robert, gerne an der Wand der Mühle, an der er sich seinen borstigen Schweinerücken kratzte. So fühlte er sich, vollständig vollgefuttert, ungemein wohl.

Tja, und wenn er dann nicht schnell genug aus der Gaststube flitzte, was mit üppigen belastetem Bauch schwierig war, insbesondere dann, wenn er noch die eine oder andere Flasche Apfelschorle verdrückt hatte, dann geschah es.

Willi rülpste einen gigantischen Rülpser. Ab und zu mit einigen Nachrülpsern. So laut, dass schafften nicht einmal Leo oder Robert. Heinz schüttelte nur entsetzt seinen Kopf. Für diese Geräuschkulisse hatte es noch keine Spezialerfindung gegeben. Damit blieb ihm nur ein weiterer Spitzname; Willi, das Wüstenrülps-Schweinchen.

Denn in die Wüste hätte Heinz ihn geschickt, wenn Willi sich wieder einmal nicht so beherrschen vermochte oder doch noch rechtzeitig aus dem Saal gerannt war.

16

Tja, so saßen sie da. Jeden Sonntag. Am späten Vormittag. Ab elf Uhr. Und lärmten. Und rülpsten. Und schmatzten. Und krümelten. Und kleckerten. Und zappelten. Und schlangen. Und knätschten. Und schlürften. Und quatschen. Und schleckten alle Teller ab.

Na, ja, dachte Heinz, als er den Zeiger der Uhr sinnend betrachtete, bald ist es für diesen Sonntag wieder vorbei. Für eine Woche Ruhe. Himmlische Ruhe.

Er konnte diesen Gedanken nicht zu Ende denken. Am Kleinheimer-Stammtisch mit Nilpferd brach nämlich ein richtiger Streit los. Lauter als alles bisher Dagewesene.

„Ich habe heute gewonnen", krächzte lauthals schreiend Theo, der Immerundewigdazwischenquatschpapagei, Verzeihung, Ara, und flatterte wie von der Tarantella gestochen über den Tisch. Seine Flügel wirbelten sämtliche Krümel und Kleckse von Edi, dem Krümelerdmännchen, und Pibo, dem Kleckerpavian umher als wäre ein Helikopter über den Tisch gefegt.

Die Krümel landeten in Edis Fell. Das war nicht weiter schlimm. Sie flogen in Janas Knätscherknatsch. Na, ja. Ein bisschen schlimm. Etliche landeten auf dem Fußboden. Heinz eilte zum Staubsauger. Viele sausten in Leos Maul. Er erzählte weiter. Einige kamen auf Lottis siebten Burger, den mit Mousse au Chocolat obendrauf. Der Nachtisch sozusagen. Wütend zischte sie in Richtung des wie verrückt kreischenden Ara.

So kriegte jeder mehr oder weniger Krümel und Kleckse ab. Und es bei jedem mehr oder weniger schlimm.

Aber Robert, der Schlürf-Elefant, bekam einen, einen einzigen, einen einzigen winzigen, einen einzigen winzigen kleinzigen Krümel in seinen Rüssel, während er gerade seine zwölfte oder fünfzehnte Apfelschorle mit einem Spritzer Zitrone trank.

Er schluckte. Er rümpfte seinen Rüssel. Er legte seine Stirn in Falten. Er flatterte mit den mächtigen Ohren. Er hielt die Luft an, unterdrückte es, aber nur eine Weile.

Dann platzte es aus seinem Rüssel. Hatschi! Was für ein Nieser. Für einen Griff zu seinem gelb-blau karierten Taschentuch blieb keine Zeit mehr. Die Apfelschorle mit dem Spritzer Zitrone und dem Krümel fegte über die Tafel.

Alle waren pudelnass. Und klebten.

Susi hatte Schluckauf. Willi rülpste vor Schreck. Pibo schleckte sich genüsslich ab. Jana brummte. Edi schmollte. Er hatte gerade die letzten Krümel aus seinem Fell geholt. Lotti blieb der Kiefer sperrangelweit offen. So wie Leo, dem noch ein Salatblatt herausfiel. Anni kicherte. Wie immer. Felix hoppelte aufgeregt über den Tisch, dass alle Teller umherflogen. Robert hielt sich mit Mühe den Rüssel zu.

Und alle starrten Theo an. Grimmig. Zornig. Wütend. Das schöne Essen.

Und Theo. Theo konnte mit nassen und verklebten Flügeln nicht mehr fliegen.

„Äh ...," wollte er gerade loskrächzen, als Leo ihm lautstark ins Wort fiel, „was ist denn in dich gefahren? Das ganze Essen ist zerstört. Die ganze Gemütlichkeit ist dahin. Was bildest du dir eigentlich ein?"

Seine Miene war äußerst zornig. Seine Stimme bebte. Und mit ihm die Sitzbank und seine Tischnachbarn.

„Äh, ich ...," begann Theo nochmals kleinlaut...

„Sei endlich ruhig", brüllte Robert wutschnaubend, und alle stimmten in die scheinbar niemals enden wollende Schimpfkanonade auf Theo ein.

Heinz schüttelte nur seinen Wirtskopf, während er unverrichteter Dinge mit dem Staubsauger inmitten der Gaststube stand.

Susi hatte noch immer Schluckauf und warf bei ihren unkoordinierten Sprüngen den einen oder anderen Teller herunter. Klirr. Willis Schluckauf verschlimmerte sich.

Nur Anni. Anni kicherte.

Da platzte Lotti der Kragen. Ihre Maulsperre war gerade behoben, da keifte sie die Kicher-Hyäne, die nie was auf ihrem oder anderen Tellern ließ, heftig an: „Was gibt es denn da zu lachen?" fast wäre ihr Kiefer erneut ausgerenkt, so echauffierte sie sich über Anni. Die stutzte - und kicherte weiter.

„Hihi, hihi, aber hat er nicht Recht? Hat er nicht gewonnen?" fragte Anni unschuldig kichernd.

„Ich hatte sieben Anakonda-Burger", entgegnete Lotti, „fast acht, da werde ja wohl ich gesiegt haben."

„Das kann gar nicht sein," brüllte Leo, „die Zeit ist noch gar nicht um. Ich hatte noch kaum einen Zentner Kartoffeln. Bloß eine Vorspeise. Das ist gegen die Regeln".

„Welche Regeln? Hicks", wollte Susi wissen. „Ich dachte, es geht heute um die schnellsten Esser?"

„Genau", pflichtete ich Felix bei, und hoppelte zwischen den Speisereihen in Richtung Buffet, durch die Beine des dicken Wirtes.

Jana schüttelte nur ihr Bärenhaupt, brummte, und matschte weiter in ihrem Essen. Theo kochte innerlich. Doch ihm versagte die Stimme.

Robert wollte gerade fragen, ob es nicht um das Wetttrinken gegangen sei, da klatschte ein Löffel voll mit Kartoffelbrei an Janas rechte Pranke.

Pibo grinste unverschämt. „Wie kannst du in Ruhe weiteressen? Wir streiten uns gerade. Was sagst Du zu der ganzen Angelegenheit? Machst Du nicht mit?"

Jana mampfte weiter.

„Ich rede mit dir", kreischte ein entnervter Pavian, dessen Gesicht bald so rot wie sein Po war.

Platsch. Prompt rauschte eine ganze linke Pranke voll mit Wackelpudding, grüner war's, in Pibos Gesicht. Platsch. Einige Kleckse erwischten auch Edi.

Der schnappte sich eine Handvoll Krümel. Schwirr, schwirrten sie durch den Raum. Diesmal duckte sich Robert, stieß jedoch an seinen, ach, was weiß ich wievielten Eimer Apfelschorle. Da lief das schöne Getränk. Er schnaubte. Kein gutes Zeichen.

Leo hatte die größte Ladung abbekommen und hustete, was das Zeug hielt. Ab und zu fiel ihm eine Kartoffel beinahe aus dem Mund.

Theo krächzte.

Susi hickste.

Willi rülpste.

Anni kicherte ...

... und dann stand Robert auf.

Und schon schepperten die Teller und Gläser, der Kerzenständer, die Bestecke und alle Servietten tanzten vom Tisch in Richtung Fußboden. Tohuwabohu perfekt. Sekunden später krachte der scheinbar unumstößliche Eichensonntagsvormittagsbrunchtisch um.

Sofort war es Mucksmäuschenstill.

Kein Piep war zu hören.

Ein unheimlicher Augenblick. Ein faszinierender Moment. Wie ein Gemälde. Stillleben.

Sekunden später platzte Heinz der Kragen. Er schnappte den gerade vorbeihoppelnden Felix mit blitzschnellem Griff am Genick, huch, was für ein trauriger, ängstlicher und vorausahnender Blick - und, nein, er brüllte nicht, er trug ihm zum umgestürzten Tisch.

17

Ganz leise, kaum vernehmbar, sprach er zu den Kleinheimern mit Nilpferd.

„So etwas ist mit noch nie vorgekommen in meiner ewiglangen Wirtshausbesitzergeschichte. Ihr streitet lauthals. Ihr werft jetzt die Möbel um. Ihr seid ein schlechtes Vorbild für die Kinder. Ihr kleckert, Ihr krümelt. Ihr könnt nicht still sitzen. Ihr schleckt das Messer ab. Ihr ladet die Teller unendlich voll (und esst nicht ab). Ihr rülpst. Ihr kichert. Ihr gackert. Ihr schreit herum. Meine Gäste beschweren sich. Sie bleiben weg. Ich verdiene immer weniger. Aber stets habe ich zu Euch gehalten. Doch heute habt Ihr den

Bogen überspannt. Entweder, ihr benehmt Euch ab dem nächsten Mal besser, also, keine Wettspielchen mehr, oder ... sonst ..."

Heinz, der dicke, gemütliche, freundliche, scheinbar naive Wirt war sehr ernst, nachdenklich und traurig zugleich.

Für einen kurzen Moment hielten die Kleinheimer mit Nilpferd inne. Felix zappelte ein wenig. Dann entlud sich ihre uneinsichtige Entrüstung laut und eindeutig. Ohne Schuldbewusstsein.

Heinz schüttelte enttäuscht sein Wirtshaupt. Die wenigen schütteren Haare raschelten ganz leis. Ruhig, außerordentlich ruhig, obwohl er innerlich kochte, drehte er sich um, setzte Felix ab, und ging zum Tresen.

Die Kleinheimer mit Nilpferd feixten. Sie waren obenauf. Ganz vertieft in ein inniges Gespräch bemerkten sie nicht, wie der zornige Wirt wieder vor ihnen stand. Mit der Rechnung. Die senkte sich erst langsam und dann immer schneller werdend in Richtung des wieder aufgestellten Tisches, um mit einem lauten Rumms krachend auf ihm zu landen.

Wieder hätte man eine Stecknadel fallen hören können. So ruhig, still und leise, alles zusammen, war es nun.

Anschließend sagte Heinz nur noch vier Worte mit Nachdruck: „Und jetzt raus hier!"

18

Wie beleidigte Leberwürste zogen die Kleinheimer mit Nilpferd von dannen. Dem freundlichen Wirt tat es in der Seele weh. Es ging jedoch nicht anders.

Die Wochen vergingen. Heinz' Lokal, die Emsige Biene, war stets gut besucht. Allerdings fehlte das Leben. Die Kleinheimer und das Nilpferd.

Sie probierten sich so durch alle Sonntagsvormittagsbrunchlokale. Alle. Wirklich alle. Aber keins war so gut wie bei Heinz.

Und dann kam jener Sonntag im Mai. Sonntagvormittag, um genau zu sein. Später Sonntagvormittag, um ganz genau zu sein. So gegen elf Uhr ...

E N D E

Petra (Jordanien) - Jochen Nagel

Danke

Ein herzliches Dankeschön an

- Tatjana Kreß, die beste Lektorin der Welt. Genau, konstruktiv und kritisch. Selbstbewusst und verbindlich. Nachhaltig und nachdrücklich. Nur mit und dank ihr sind die Produkte in der Qualität gesichert. Ohne meine herzensgute Ehefrau, die mich nicht nur erträgt, sondern trägt, wäre Alles Nichts.
- Heidi Giebels, für die vortreffliche technische Unterstützung. Nur mit und dank ihr kommen die digitalen Grafiken in das Werk und runden es ausgezeichnet ab.
- Wolfgang Mießeler, für die kollegial-freundschaftliche und stets vertrauensvolle Zusammenarbeit. Dank seiner fortwährenden Unterstützung gelangen zahlreiche richtige und wichtige Entscheidungen für unsere Kolleginnen und Kollegen. Dabei gelang es immer, Gesichtspunkte von Sommersprossen zu unterscheiden😊

Über den Autor:

Jochen Nagel, geboren 1960 in Kassel, ist ein verträumter Realist, der seinen Mitmenschen ein offenes Ohr schenkt und ihren Problemen gegenüber aufgeschlossen ist. Mit einem stark ausgeprägten Gefühl für Gerechtigkeit, Ausgleich und soziale Eingliederung setzt er sich als Integrationsfigur in verschiedenen Rollen ein. Seine Introvertiertheit ist mit einem Schuss Extrovertiertheit angereichert. Diese Selbstanalyse bei einem psychologischen Seminar als Privatkundenberater bei der Postbank trifft noch heute zu. Die Eigenschaften sind ebenso hilfreich bei den Herausforderungen als Vorgesetzter bei der Deutschen Bundespost, als Prüfer der externen Finanzkontrolle und als Vorsitzender des Personalrats beim Bundesrechnungshof. Sein verträumter Realismus ist Ausgangspunkt für „Habibis Reise", „Weihnachten: Ein Geschenk", „Afrika erzählt", Tröto, der Brillofant" (Trilogie), „Galego" und „Ein Märchenbuch" sowie viele kleine, noch unveröffentlichte Geschichten und Märchen.